中国少数民族人口丛书

白族

翟振武 主编

施立卓/著

中国人口出版社
China Population Publishing House
全国百佳出版单位

图书在版编目（CIP）数据

白族/施立卓著．—北京：中国人口出版社，2014.4（2022.7重印）

（中国少数民族人口丛书）

ISBN 978-7-5101-2411-2

Ⅰ.①白…　Ⅱ.①施…　Ⅲ.①白族—民族文化—中国　Ⅳ.①K285.2

中国版本图书馆 CIP 数据核字（2014）第 059339 号

中国少数民族人口丛书　白族

ZHONGGUO SHAOSHU MINZU RENKOU CONGSHU　　BAIZU

翟振武　主编　施立卓　著

责任编辑　张宏文
美术编辑　刘海刚
责任印制　林　鑫　王艳如
出版发行　中国人口出版社
印　　刷　北京兴星伟业印刷有限公司
开　　本　710 毫米 ×1000 毫米　1/16
印　　张　9.25　插 1
字　　数　126 千字
版　　次　2014 年 4 月第 1 版
印　　次　2022 年 7 月第 2 次印刷
书　　号　ISBN 978-7-5101-2411-2
定　　价　38.00 元

网　　址　www.rkcbs.com.cn
电子信箱　rkcbs@126.com
总编室电话　(010) 83519392
发行部电话　(010) 83510481
传　　真　(010) 83538190
地　　址　北京市西城区广安门南街 80 号中加大厦
邮　　编　100054

序

如果把一个民族比作一颗星星，那我们就是生活在一个繁星满天的世界。当今世界上有约3000个民族，分布在200多个国家和地区，绝大多数国家由多个民族组成。中国也是同样，是由各族人民共同缔造的统一的多民族国家。在漫漫的历史长河中，生活在中华大地上的各族人民密切往来、交流融合、团结奋斗、休戚与共，形成了一个伟大的强盛的中华民族大家庭，共同开发了祖国的美好河山，共同推动了国家的发展和社会的进步。

在中华民族的大家庭中，有56个成员，其中有55个是少数民族。新中国成立以来，少数民族人口一直持续增长。1953年第一次全国人口普查时，少数民族人口总数为3532万人，占全国总人口的6.1％。2010年进行第六次全国人口普查时，少数民族人口总量达到了1.14亿，几乎是1953年的3倍，占到了全国13.4亿人口的8.5％。各少数民族人口数量相差较大，如壮族有1693万人，回族1059万人，满族1039万人，维吾尔族1007万人，而赫哲族只有5354人，塔塔尔族3556人，独龙族6930人。中国各民族的人口分布呈现大散居、小聚居、交错杂居的特点。汉族地区有少数民族聚居，少数民族地区也有汉族居住；许多少数民族既有一块或几块聚居区，又散居全国各地。中国少数民族聚居区大都地广人稀，资源富集。少数民族地区的草原面积，森林和水力资源蕴藏量，以及天然气等基础储量，均超过或接近全国的一半。全国 2.2 万多公里陆地边界线中的 1.9 万公里在民族地区。全国的国家级自然保护区面积中民族地区占到 85%以上，是国家的重要生态屏障。中国各民族的起源和经济、社会、文化的发展有着本土性、多元性、多样性的特点，五彩缤纷，丰富多彩。

要全面认识中华民族，就要从认识每一个民族开始。正是从这个理念出发，我们编写了这套《中国少数民族人口》大型系列丛书，力图从历史、文化、经济、社会等各个方面，用准确、科学、生动的语言，全方位描述和展现各少数民族灿烂辉煌的历史和现状，编织出一幅绚丽多彩的中华民族大家庭的“全家福”。

编写这样一套大型系列丛书，难度非同一般。几经论证和深入研讨，最终形成了编写大纲，这套丛书各个分卷的作者绝大多数由少数民族作家担任，他们不仅熟悉自己民族的历史和文化，而且对本民族有深厚的感情。在国家新闻出版总署、国家人口计生委和中国人口出版社的大力支持下，作者们历经数年，几易其稿，终成此书。值此丛书出版之际，我们衷心地祈愿这幅“全家福”能为民族的交流和团结，为中国的文化建设，为整个中华民族的繁荣昌盛，作出一份微薄的贡献。

翟振武

2012 年 5 月于北京

PREFACE

Every nationality sparkles like a star in the firmament. Now we have about 3000 stars distributed across the world in more than 200 countries, most of which are multinational. So is China, which consists of a number of nationalities. For centuries, all the nationalities have lived together, worked together and fought together, making China a prosperous unified multinational country.

Of all the 56 nationalities in China, 55 are minorities whose population has been increasing since the founding of The People's Republic of China. According to the first census in 1953, the minority population was about 35. 32 million, accounting for 6. 1 percent of China's total population. By 2010, the number had almost tripled. According to the sixth census, the population of the minorities amounted to 114 million, making up 8. 5 percent of the 1. 34 billion people in China. The population size of minority groups varies a lot. Some of them have a large population, for example, the Zhuang Nationality has a population of 16. 93 million; the Hui has 10. 59 million people and the Manchu consists of 10. 39 million people. Some of the minorities are quite small, such as the Hezhe, the Tatar and the Drung nationalities, which have populations of 5354, 3556 and 6930, respectively. China's nationalities live together over vast areas with some living in individual, concentrated communities in small areas.

Some minorities'concentrated communities are scattered among the Hans, and some Han people also live in the minority communities. Some minorities may have one or more concentrated communities, while their people spread all over the country. Most minorities'concentrated communities have their people sparsely distributed in large areas with abundant resources. The grassland, forest, water and natural gas reserves in areas inhabited by minority people account for about half of China's total. Further, 19 000 kilometers of the nation's 22 000-kilometer land boundary are in minorities'communities. In addition, 85 percent of the country's state-level natural reserves are in the minority areas, making the people important guardians of China's ecology. Each of the nationalities'origin is unique, and their development of economy, society and culture is full of variety.

Only by learning every aspect of the minorities'lifestyle can we have a comprehensive understanding of the Chinese nation. Under this notion, we write this series of books on the Population of China's Minorities to provide a detailed picture of our Chinese nation, with the glorious past and prosperous present of the country's minorities.

It is through trials and tribulations that we write this spectacular series of books. Most of the authors, who have profound knowledge of the minorities and wrote the books with their strong emotions, are members of minority groups. With the great support of the National Publication Foundation, the National Population and Family Planning Commission and China Population Publishing House, the authors completed the books after years of unremitting endeavor.

On the publication of this series of books, we are looking forward to seeing these books contribute to the unity of the Chinese nation and help our country flourish in the future.

Zhenwu Zhai
Beijing
May 2012

目录

Contents

综　述

横断山脉像一支巨臂，从“世界屋脊”青藏高原向南延伸到云南西部，莽莽苍苍，宏博壮丽，直至云岭点苍山。从此，海拔 3000 米以上的喜马拉雅山脉不再延伸。1931 年春节前，年轻的美国作家埃德加·斯诺第一次由越南进入中国，经河口来到云南大理，蓦然出现在他面前的“巍峨壮丽，崇高而带一点可怖”的点苍山，使他在《马帮

云南大理，苍山洱海清晨　（吴家林摄）

旅行》一书中不由激动地写道："我们已经来到'世界屋脊的屋檐'下面了!"就在这屋檐底下，有一泓深蓝而烟波浩渺的高原湖泊——洱海。这山水相依的"银苍"和"玉洱"，就是一个自称为"白"族的摇篮。

白族人民 （梁志强摄）

作为一个民族共同体，白族形成于 8 世纪中叶彝族先民建立的南诏国和 10 世纪白族先民建立的大理国这段历史时期，与中原唐宋王朝相当。白族繁衍生息的大理自然环境得天独厚，气候宜人，这里有湖泊大江、高山深谷、平畴绿野，景色壮丽，可居可游。从考古发现和民间习俗中可以知道，白族先民大多近水而居，是一个典型的水稻农耕民族，即被称作"杲米苴"（滨湖生活的人）的"洱滨"族群。大理是从四川成都至印度"蜀身毒道"上的明珠，白族在其形成发展过程中，以包容开放的胸襟汲取东至西来的中外先进文化滋养自己，尤其深受佛教和儒家文化的影响，使其成为了祖国西南边陲举足轻重的民族，不论人口数量与经济发展，还是文明程度都处于少数民族中的领先地位。

白族的根在洱海地区，但从大理国开始，由于戍边，以及经商等社会原因，有一部分白族流落在大理以外的云南乃至于全国各地，如云南的昆明、玉溪、保山，以及贵州的毕节、四川的西昌等地。元明清时期，在战乱中，部分白族随军远征到湖南湘西、山东胶州半岛和东北三省等地定居下来。在定居后与周围民族交往中，他们的母语几近消失，但在文化习俗中还保留下诸多白族的特征，比如本主崇拜、祭祖文告等等。根据第六次全国人口普查统计，白族人口约为193万，居住在大理州境内的有111万左右，约占总人口的58%。

荀子曾经说过：物固有形，形固有名。

在祖国西南，白族是一个举足轻重的古老民族。公元8世纪，在云南境内彝族先民建立的南诏国，其重臣中大多是白族先民的精英；继南诏之后，历时300年的大理就是白族建立的国家。因此，在云南历史上白族的影响极其深远。有的学者甚至认为，在较长的历史时期里，因为大理国的影响，在云南境内曾经出现过“白族化”的趋势。

自古以来白族民间一直沿袭“白”的自称，他们互相交谈时说自己是“白尼”、“白伙”、“白子”、“白女”，是“白人”的意思。这种称谓，不仅被居住在大理的白族所认可，生活在境外的白族也认同。近代知名白族学者赵式铭在《白文考》一书中写道：“今之滇西，其人为白子，其言为白文。白子、白文之名，其称盖久。凡滇西人相接，一操白文，辄曰：我白子一家也，则皆喜若故交，其远而益亲如此。”

白族尚白，比如一个人心地善良、对人坦诚，则被赞扬为“白心白肝”。在白族民歌中有一类《白字之歌》系列，其中有一首《白姐姐》：

白月亮啊白姐姐，身上穿件漂白衣；

脚上穿双白布鞋，披着白羊皮。
白米白面吃肚里，白说白讲莫再提；
白天人多嘴又杂，白月下相会。

另外有一首叫《白月亮》：

白月亮呀白姐姐，真心话儿说给您；
我想和你成婚配，怎好亲口提。
不开口是心不定，开口又怕得罪你；
答不答应在于你，何必害羞呢？

在这里，“白”成了月亮般纯洁和明亮的象征，是诚信、纯洁、冰清玉洁等美好品质的代名词。

然而，由于白族向来没有规范的统一文字，历史上白族的他称显得十分混乱，在汉文典籍中白族一直没有外部公认的代表符号。与白族朝夕相处的周边民族对白族的称呼各有不同，如纳西族称白族为“来补”或“那马”，傈僳族称白族为“勒墨”，藏族称白族为“勒博”。汉文中则通常称白族为“民家”或“僰人”。

1956 年 11 月 22 日，大理白族自治州成立，这是全国 30 个民族自治州中第 24 个成立的唯一的白族自治州。根据民族意愿，从此“白族”成为这一民族的法定称谓。

当然，这不仅仅是称谓的确定，更重要的是对一个在历史上曾经为祖国统一作过出非凡贡献的少数民族地位的肯定。当年，中央代表团的费孝通在致词中曾说：“大理有悠久和光辉的历史，在中华文化上有独特的创造和贡献。在 8 至 12 世纪里，大理不但是中华文化的中心之一，而且与东南亚各民族有着密切的联系，是中原对外文化交流的

一扇畅通的门户。在这种被称作‘南诏大理国文化’的多民族文化的形成和发展中，善于并勇于带头吸纳汉文化的白族一直起到举足轻重的作用，这成了中华民族大家庭中血肉相连的有力纽带。自治州的成立以后，我们不但要珍惜这种传统，还要加以发扬光大。”

第一章

"从哪里来"

"你从哪里来"，这个问题对于古老的白族而言，因无翔实史料，白族称一直让人纠缠不清。

第一节　传古识谱

"老人不传古，后人失了谱。"白族有句俗话说："天地日月哪里来？人的祖先在何处？都有古歌古本传。"白族称传说故事为"古本"，传古就是讲故事，识谱就是了解民族的谱系和源流。关于白族的"谱"，由于地域不同，流传各异。

有一则"藏在金鼓里的兄妹俩"的白族"创世传说"，其情节与各民族的"洪水神话"大同小异。故事说，天地初开，洪荒泛滥，观音留下兄妹俩藏在金鼓里，直到洪水消退才被燕子用翅膀割开金鼓后出来的。观音叫兄妹俩做夫妻，生男育女传后代。兄妹死活不情愿，观音叫他们在两座山顶滚下磨盘，磨盘滚到箐里合在一起。这回兄妹没话说，只好答应了。如今白族将夫妻称作上磨盘和下磨盘，就从这里来的。结婚后，兄妹生下十个儿子，十个儿子结婚后又各生下十个孙子，分别取了一个姓，从此有了"百姓"，白族是百姓中的一姓。

还有一则“浣衣女触木产龙子”的传说：

横断山脉哀牢山下的易罗丛村有一对夫妇，男的叫蒙迦独，女的叫沙壹姆。男的经年累月地在村边的易罗池里捕鱼，一日不慎落入池中身亡。沙壹姆悲痛欲绝，常往池边哭泣呆望。有一天，她在池边浣衣，忽然有一段沉木漂来，当她伸手将木头推向一边时温然有所感应，不久即身怀六甲，十月后产下十个男孩。孩子们长大了，她带着他们来到池边嬉戏，忽然冒出一条黄龙，活灵活现地浮出水面，并对沙壹姆说：“您为我生的儿子，如今在哪里?”九个儿子一见到黄龙就惊吓得慌不择路，唯独最小的儿子年幼走不了，背对着黄龙坐在池边。于是，黄龙就用舌头舐他的脊背。因为当地的蛮语谓背为“九”，谓坐为“隆”，黄龙就给他取名为“九隆”。九隆长大以后，几位哥哥佩服他欣然接受生父舐犊之情的智慧，推他为族王。后来，哀牢山下有一对夫妇，生了十个女儿，九隆兄弟分别娶她们为妻，并各取董、洪、段、施、何、王、张、杨、李、赵为姓。为了永记父恩，大家都在身上刺上龙纹。从此，他们繁衍子孙，建立了包括白族在内的九十九个部族，居住在九龙山的溪谷里。

另一个传说是，南诏国之前有个白子国，虽然这件事史书上没有记载，但在南诏中兴二年（898 年）的《南诏画卷》上就绘有张乐进求逊位细奴逻祭铁柱盟誓的画面。张乐进求是白子国的国王，细奴逻是南诏的开国诏主。

据说，很久以前，九隆八族的四世孙叫仁果，传了十七世到了龙佑那。后来，诸葛亮南征来到云南，扶持龙佑那为酋长，统领诸部族，并赐姓为张，建立白子国，张氏世代相袭至张乐进求让位给九隆的另外一支后裔细奴逻。

张乐进求为什么要让位给细奴逻呢？细奴逻原来是哀牢山巍宝山上的彝族猎人，经常到点苍山上打猎。因为细奴逻人才出众、勇猛刚毅被张乐进求看中，并将爱女金姑嫁给了他。后来，翁婿二人到白崖的铁柱祭祀，忽然一只神鸟栖在细奴逻的肩上，张乐进求以此为吉兆，就将王位让给了他。细奴逻姓蒙，接受王位之后立国号为“封民”，以示不忘本根。封字古音读“白”，所以“大封民”也就是大白国的意思。

第二节　根在苍洱

白族的由来扑朔迷离，民族学者有不同的探索。其中有人认为，白族是“氐羌遗种”，意思是说，白族来源于西北高原的氐羌民族。

另有人认为，远在唐代，在云南民族的来源和分类中，常常出现“白蛮”和“乌蛮”两种称谓，指的就是白蛮为白族的先民，乌蛮为彝族的先民，用等号将繁杂的问题简单化，似乎在云南这块土地上，古代就只有这么两个整齐划一的民族。以上两种说法，似乎说服不了人。

过去，在民间曾流传一种说法，白族的祖籍是“南京应天府柳树湾高石坎”，这种说法还普遍被记载在家谱和墓志铭上。清代大理文人师荔菲曾在《滇系》中说：“滇之土著皆曰：‘我来自江南，我来自南京。’”这到底是怎么回事呢？

实际上，“南京”和“应天府”就是同一个地方。1356年，朱元璋攻克江南古邑金陵后，将元朝的集庆路改为应天府；洪武十一年(1378年)，明迁都金陵（南京），建故宫。在明故宫东南面一带历史上有“柳树湾”和“高石坎”两地。柳树湾在明故宫东南角，即今蓝旗街南端一带，正好与高石坎处于一个地段，是位于皇城前的宫禁要地，即中央行政机关所在地，又是羽林军的兵营，当时随沐英征滇的金事前卫、羽林左卫都曾驻过柳树湾。洪武二十一年（1388年）2月，朝廷派陕西都指挥同知马烨率秦府西安护卫军33 000人屯云南，其中

有 22 604 人是由驻柳树湾的羽林左卫补充来的。这种大规模向云南派军屯兵的行为，当然不全是到白族地区，因此在云南“来自南京应天府”的说法不止白族这样认为，其他民族也如此认为。而且，派来大理屯兵的，大多都是汉族。

白族姑娘 （王文波摄）

2008 年 6 月，云南省考古工作者对洱海北部的云南剑川海门口遗址进行了自 1957 年以来的第三次深入的发掘和清理。这次发掘引起了国内考古界和历史学家的瞩目。2009 年 4 月，这个遗址被评为“中国 2008 年度十大考古新发现”之一，其特点是史前“干栏式”建筑，为考古史上罕见。最引人瞩目的是，此次出土物有陶器、石器、铜器、动物和人骨，以及来自黄河流域的遗存粟农作物数千件。这与 2003 年在洱海银梭岛发现的贝丘遗址的时期大致相同，距今已 5000 多年。

银梭岛位于大理洱海东南，面积 23 300 平方米，遗址分布于岛的北部，现存面积约 3000 平方米。2003 年 9 月至 2004 年 5 月，考古工作者在这里发掘了面积300平方米的遗址，发现陶、石、骨、牙、蚌、玉、铜器等7大类文物，以陶器、青铜器、石器等最引人注目。青铜器中，锻打的青铜鱼钩制作精美。另外，还清理出石墙、柱洞、灰坑、火堆、水沟、墓葬等遗迹。海门口遗址的第三次发掘和银梭岛贝丘遗址的首次发现，说明5000年前洱海周围已经有人类居住，而且从事谷物栽种，还以捕捞水生动物为生。

白族渔民 （陈海汶摄）

到了唐贞观二十二年（648年），唐朝使者梁建方来洱海边，回去以后给王朝写了一份情报。这份情报说，在“西洱河”（即今洱海）边居住着以杨、李、赵、董为名家的“河蛮”族群，他们自称祖先是汉人，有些还是楚国庄蹻的后裔。这个族群建有城郭村邑，掌握弓矢矛铤；他们有文字，能够解释阴阳历数；他们种植庄稼，有稻麦粟豆、蔬菜水果，养殖牛马猪羊鸡犬，收获与中原相同；他们能从事丝麻蚕织之事；他们只有船而无车；他们说的话虽然有点别扭，但汉族大致可以听得懂；在衣着上，男人披毡，女人着裙衫。历史学者普遍认为，

“河蛮”就是白族的先民。

后来，在唐王朝的支持下，洱海地区建立了统一的南诏大理国，经过500多年的统治，洱海地区长期成为云南的政治、经济和文化中心。在发展的过程中，生活在这里的族群的语言和风俗习惯渐趋于一致，逐渐形成一个比较稳定的群体，白族共同体至此形成。在白族的形成过程中，除洱海地区古代各个族群互相同化或融合外，还同化或融合了大量外来的族群和先进的汉人。白族文化一度成为新兴的云南主流文化，盛极一时。

第三节　遗落四方

据考察，白族的主体都在中国境内。经过长期的发展，外来诸多族群融入了洱海土著民之中，这是白族的萌芽。到了10世纪初，白族文化逐渐发展为大理国境内（包括云南全境及四川和贵州的部分地区）的主流。虽然，元朝统一云南，尤其是明朝以来的大量移民削弱了“白族化”的进程，但散落在各地的白族人仍然有着旺盛的生命力。

除了临近高黎贡山西麓由怒江傈僳族自治州迁移到缅甸的少量白族村寨外，白族绝大多数分布在中国境内，主要聚居在云南省内的昆明、丽江、怒江、迪庆、保山、玉溪、楚雄、文山、临沧等州市，尤其以洱海周围的大理白族自治州最多。湖南省的张家界和湘西、贵州省的毕节和安顺，以及四川省的凉山等地也都有白族分布。

南诏一方面通过战争掠夺外部人口强制迁入洱海地区，另一方面则吸引商贾进入大理。据史料记载，贞元十年（794年），南诏王异牟寻迁移弄栋（今云南省姚安县）地区的大量白族先民于永昌城（保山），同年又迁移“河蛮”于滇东北和拓东（昆明）。唐天宝年间，南诏曾派遣部队到贵州毕节和云南玉溪元江因远甘庄等地筑边城守卫疆土。到了大理国时，仍然派遣大量白族将士因远设防。

大理国段思平取得政权之后，先是将洱海地区大部分土地封为段氏世袭领地，然后进一步封国相白族董伽罗到成纪（今永胜），再封白族高方于巨桥（今晋宁昆阳）为“岳侯”。以后高氏为相国，羽毛渐丰，致使段氏“拥虚位”。此时，高氏分封更加扩大，其子孙又先后分封于永昌（保山）、腾冲、谋统（鹤庆）、威楚（楚雄）、统矢（姚安）、会川（四川会理）、建昌（四川西昌）等地。这些被分封的王族与重臣，同时还带去大批的军将和家属，成了当地白族。

白族村落　（曾志摄）

如今，散落在贵州毕节、四川会理，以及云南境内昆明、玉溪、保山、楚雄、丽江等地的白族就是南诏大理国时期移民的后裔。

在贵州省毕节威宁一带的白族，一直被周围的彝族称为“佐洛举”或“罗苴”。“罗苴”就是“罗苴子”，是南诏常备军中管辖100个士卒的中下级军官。他们是经过五次严格测试后从乡兵中择优选拔出来的，

他们军备精锐，勇猛善战，走险如飞。南诏每次战斗，均以罗苴子充当先锋。这些兵士因征战流落在南诏边境贵州一带，成为特殊的族群。明代中期，“罗苴”多与汉族杂处，日渐吸收汉族的先进文化，故彝文文献称其为“实罗苴”，意为文化近于汉族的罗苴。但他们一直自称为“白尼”、“白人”。明末清初，威宁、赫章的白族被汉族称为“七姓民”或“民家”，他们来源于这两地白族的张、苏、李、赵、许、钱、杨七姓。

过去在湖南湘西张家界一带有一个族群，虽然世代居住在湘西苗族自治州，但其习俗和语言与周围的土家族和苗族有着明显的差异。比如说，这个族群信奉三元教，请神时要由三元老师念“白子白女白氏堂上”的颂词；他们唱的“家训词”中有“家住云南喜洲睑，苍山脚下有家园”的句子；妇女念的“请七姑神词”中也有“正月正，白子生，我请七姑玩花灯”等。又比如，外地人称他们为“民家佬”，认为他们说的话“叽里格拉”难以听懂。为什么会有这些现象呢？

1984 年 6 月 27 日，湖南省人民政府正式确认湖南湘西“民家”人为白族，同时批准成立桑植县芙蓉桥、马合口、麦地坪、洪家关、刘家坪、瑞塔铺、走马坪 7 个白族乡。那么，这些白族人怎么会遗落在张家界呢？

早在 1251 年，蒙古大汗蒙哥即位，即从北方对南宋军发动了大规模的进攻，但久攻不下。于是，蒙哥决定采取迂回战术，在 1252 年派遣皇弟忽必烈和大将兀良合台率兵 20 万众，从河北出发，攻破甘肃、青海、四川，乘革囊渡过金沙江到云南西陲，出奇制胜地平定了大理古国，设立云南行省，在洱海周围设置大理路，继续利用大理王族段氏为总管。

元宪宗九年（1259 年），兀良合台准备与忽必烈的大军在鄂州（今湖北武汉市）会合，进攻南宋。当时，一、二路蒙军强悍，唯有第三路军在攻克大理国时减员很大，只剩 2 万多人。他们既要攻打南宋，又要镇守云南，实在力不从心。因此，蒙古军在大理招募白族兵“寸白军”2 万多人，由大理国国王的叔父段福率领，充当前锋。这支军队从元宪宗八年（1258 年）出发，元中统二年（1261 年）消灭南宋后被遣返回云南。当时，川贵交通阻塞，部分官兵对蒙军不满，就流落在长江流域的湘赣一带解甲归田。这就是湖南和湖北白族的由来。

湖南湘西现有白族 13 万余人，主要聚居于桑植县的芙蓉桥、麦地坪、马合口、刘家坪、洪家关、走马坪、瑞塔铺等乡（镇），占该县总人口的 25.2%，成了除大理白族自治州外国内三大白族聚居区之一。

过去，在辽宁等东北地区有一些人自称“云南流人”，他们说在谱牒里记载，他们的先祖来自云南或小云南。不止民人（指东北未入旗的汉人）这样讲，旗人也这样讲。谱牒里还说，自称小云南的旗人大多数都是在清朝康熙三十年左右由山东胶州半岛的栖霞一带拨民来到东北的。在这些“云南流人”或“汉军旗人”中间流传一种叫“烧香”的特有习俗，叫“汉军旗香”。在旗香的接宗谱仪式中，祭祀者都有一段大同小异的祷告词：

香主家早在云南住，
康熙爷调兵到关东山。
拨来关东关东住，
关东黄土老坟安。

据《奉天通志》载：“清初三藩降卒，当初由云南拨来八百八十四户，分布边台守边排壕，驿站传递文书。”《鸡林旧闻》一书载：“康熙时云南既平，凡附属吴三桂之滇人，悉配戍于上阳堡。”可见山东和以后的东北“小云南”移民与吴三桂有关。

吴三桂是辽东人，明朝崇祯年间为宁远总兵，镇守山海关。李自成攻占北京之后，吴三桂勾结清兵镇压农民起义，被清顺治皇帝封为平西王镇守云南，与广东平南王、福建靖南王统称为“三藩”。吴三桂自以为功高，权欲无限膨胀，企图分裂。康熙登基以后开始对吴三桂的野心有所警觉，遂于康熙二十年派军入滇，平定云南，此时吴三桂已病死。为了根除后患，清廷将以吴三桂的部属为主的降卒迁往北方。据清史学者分析，在这批流放北方的人员中，“滇兵”或“云南降卒”至少也有两万人之众，他们也是白族流落在异乡的移民。

第二章

白子摇篮

白子是我国白族人的自称，也称为“白伙”、“白尼”。“白”有冰清玉洁的含义，表明白族是一个文明、先进的古老民族。俗话说“一方水土养一方人”，白族的发展离不开其生长的自然环境。明朝万历年间，江南知名旅行家王士性在《广志释》一书中，曾赞誉大理：“乐土以居，佳山川以游，二者尝不能兼，唯大理得之。”在外地人眼中，大理是一块可居可游的“奥区奇甸”。这里优越的生态环境（包括空气、日光、水、温度、湿度、土壤、岩石等）是适宜人居住的主要条件，也是孕育白族的最佳自然环境。

第一节　帚形山系

白族发祥地大理地处滇西纵谷和云南高原的结合部。喜马拉雅山脉自北向南，逶迤延伸，形成了我国境内独特的、纵贯滇西和滇西北横断山脉的帚形山系，其中最著名的云岭和怒山两大山脉就分布在大理白族自治州境内。这里的地理特点是：高山与平坝相间，峻岭与纵谷为邻，湖泊与河流相连，坝子与坝子相通，从而形成农业与游牧互补和开放与封闭并存的生态格局。

横断山脉西北高东南低的走向，使大理拥有从高山到纵谷的复杂地貌。苍山和洱海南北横列在大理州的腹地。以此为中心，西部是云岭的组成部分，属于横断山脉的高山纵谷区，山峰海拔大都在4000米以上；东部是波浪起伏的滇东高原，从贵州进入云南，沿昆明、楚雄至大理，海拔一般为2000米左右。洱海盆地正处于以上两种地貌的交接带，既处高原，又临纵谷，独具特色。这一中心突出、居高临下、高山和纵谷相间的纷繁多姿的地理环境，盆地偎依奇峰，高山环抱谷地，成了白族成长的舒适摇篮。

“坝子”是白族对盆地的称呼，古籍里记作“赕”，是夹在帚形山系中相互连通的平地，徐霞客在游记中说坝子是“四山如城”的草甸，有的地方坝子中间偶现明镜般的大小湖泊。白族世世代代居住在盆地边缘，构筑绿树掩映、青瓦粉墙的村落，中间遍布田畴，极富田园风光。在大理境内大大小小有一百多个这样的坝子。当你离开一个坝子走出一个谷口时，前面蓦然又出现了另一个新的坝子。这种地形交通便捷，村落与村落之间少有封闭。明崇祯年间，江苏长洲人施武（字鲁孙）游行在大理，曾有《凤羽词》诗写洱海源头一带的坝子：

凤羽低连邓赕川，山头流水屋边田。
额头新样姑姑帽，五月羊皮带汗穿。

在这里，凤羽和邓赕川就是写连在一起的凤羽坝和邓川坝，姑姑帽是当地年轻女子的头饰，羊皮是妇女御寒的披风，五月天气尚凉，宜穿羊皮褂。

与南北走向的山脉相间，大理州江河也是南北奔腾，溪瀑飞流。据统计，大理州境内大小河流约有160条，分属怒江、澜沧江、金沙江、红河四大水系，几乎囊括了云南境内的大江大河。另外，由喜马拉雅造山运动所形成的横断山脉断层带，遗留下了星罗棋布的断层湖。这些湖泊由于长期的地质变迁，经过冲积、湖积和洪积，或是人工泄水，逐渐形成“坝子”，以及星星点点地被当地人称为“海子”的湖泊。大理州境内较大的天然湖泊有洱海、茈碧湖、剑湖、西湖、海西海、天池、青海湖等。除此之外，还有苍山之巅的冰碛湖、洗马潭、双龙潭等，以及在古代人们为水利而改造的湖潭，如鹤庆黄龙潭等。这些水利资源，不仅滋润着大理的生灵，同时也给这里的风光平添了妩媚的气息。

白族一直把洱海称作母亲湖，称自己是“杲米苴”，意思是在洱海边生长的族群，外人则把白族喻为“洱海之民”或是“洱滨人”。

玉洱银苍　（邓东宁摄）

从自然生态环境来看，苍山洱海是适宜于人类繁衍发展的最佳搭档。苍山最高海拔 4122 米，洱海海拔 1900 多米，二者相依相偎。洱海面积 250 平方公里，相当于 49 万个篮球场大，是一般城市湖泊的上百倍。洱海每年需要补充 14 亿吨淡水，才能维持水量避免干涸，这相

当于400个北京颐和园昆明湖的全部水量。由于喜马拉雅造山运动的地质挤压作用，使苍山山体形成孔隙和裂缝丰富的岩石结构，成了洱海天然的蓄水塔，一年四季将水质达到国家一类水标准的淡水，源源不断地输给洱海。苍山、洱海，以及二者所围成的大理坝子从而出现了一派宛若江南的景致，形成农耕文明高度发达的地区。

第二节　宜人气候

明代大理白族学者李元阳曾说："若夫（大理）四时之气，常如初春，寒止于凉，暑止于温，曾无褦襶冻粟之苦，此则诸方不及也。"

大理属于"高海拔，低纬度"地带，处于横断山脉腹地，而距北回归线较近，由于受到不同季节太阳的辐射，以及大气环流和地形地貌的影响，从而形成特有的亚热带高原西南季风气候，这种气候具有其明显的特点。

一是年温差小，日温差大，四季不分明。大理州大部分地区的最热月与最冷月平均气温差一般只在11～15℃。最冷月的平均气温达8～10℃，最热月平均气温在35℃以下，具有"冬无严寒，夏无酷暑，春早春暖，秋长秋凉"的特征，古人谓之"天气常如二三月，花枝不断四时春"。这里的太阳辐射强、日照时间长、光质佳，三者均居云南全省之冠。这一特点给生产、生活和旅游都带来了便利。同时，由于受太阳光热的影响和昼夜吸散热的差别，这里的气温因云雨晴和早午晚的不同而有较大的波动。冬季日温差可达13℃。因此民谚有"四季如春，一天四季，一雨成冬"的描述。

二是干湿季分明，雨量适中。每年十一月到次年四月是大理的干季，此时水量稀少，往往会发生春旱。但灌溉条件较好的坝区和谷地仍能及时播种，不违农时。五月到十月为湿季，降水量占全年总降水量的85%～96%，六月到八月降水尤为集中，占全年的60%左右。湿季降水主要来自印度洋和太平洋的夏季风，尤以印度洋吹来的西南季风力量最强，湿度最大，降水最多。大理地区距离海洋远，雨水不如云南南部丰沛，年平均降雨量为570～1100毫米，但多数地区的雨量适中，高温期和多雨期一致，这给农作物、牧草和森林的生长带来极为有利的条件。

三是海拔落差大，气候垂直变化。大理州的地势高差明显，从北部海拔4200多米的剑川雪邦山到海拔745米的西部云龙怒江岸红旗坝，高差竟然达到3000多米。再以洱海边的大理坝子来看，苍山十九峰顶海拔高达4000多米，而山麓的坝子却陡落至1900米。这种地形的垂直分布，造成了气候的垂直变化。按气候类型的划分标准，这里可分为南亚热带、中亚热带、北亚热带、暖温带、中温带和寒温带6个气候带。对这种现象，民间谚语和文人诗文作了形象生动的描写。如“山高一丈，大不一样”，“一山分四季，上下不同天”，“绿叶红英斗雪开，黄蜂粉蝶不曾来”等。

总之，优越而独特的气候给大理的风景名胜和农业生产提供了极好的自然条件，造就了集多样性、丰富性于一体，乃至于截然对立的自然景观和生物带。

第三节　物阜民安

优越的地貌、土质、气候、水文是自然物种赖以生存的根本条件，这些条件在大理尤显突出。清代大理人马恩溥在《大理形势说》一文中对这种优势作了这样的概括：“五金皆出，五谷皆熟，鱼盐蔬果足于供，牛羊鸡犬易于畜。”

从21世纪开始，大理州积极实施“‘七彩云南保护’大理行”和

滇西北生物多样性保护计划，生态州建设深入推进。州级以上自然保护区达到29个，总面积18.2公顷。同时还推行天然林保护、退耕还林等重点工程，到2010年完成人工造林517万亩、义务植树4500万株，森林覆盖率达58.21％，高于云南省平均数5.26个百分点，是全国的三倍。

大理的植物种类繁多，并且呈各种气候带的种类代表。有些种类仅在国内和省内，甚至州内所有，比如大白花杜鹃；有的则是刁遗种类或是进化、演化、衍生种类，如蝴蝶泉边的夜合欢。花卉中的杜鹃花、龙胆花和报春花，属世界三大名花；大理的大雪素、小雪素、朱砂兰、金兜兰等均属名品兰花；“云南茶花甲天下”，而大理是云南的茶花栽培中心，其中的品种“恨天高”，以开于红梅之先，凋谢于桃李之后而甲天下；被称为“上关花”的木莲花，是罕见的奇异花卉。大理境内树龄在数百年以上的古树名木亦不少，如云龙的铁杉王、洱源的古枫林、鸡足山的空心古楞、漾濞的核桃王，以及耸立于白族村头的“风水树”高山榕树。就因为如此，大理被称作是世界植物的汇集地和天然植物种基因库。另外，在大理州境内，原生动物、脊椎动物等类群的野生动物均有分布。据统计，大理拥有软体动物77种；鱼类65种，其中土著鱼类50种；两栖动物和爬行动物各24种；鸟类279种。

大理的地貌被称为“九山一坝”，意思是90％属于山地，10％属于盆地。大理世居民族约13个，白族、汉族、回族等大都居住在坝区，而彝族、傈僳族等以山区居多。即便是白族居住的山区，除少数高寒山区外，大多为宜耕的山田，即俗称的“梯田”，可以种植水稻。因此，白族水稻农耕传统源远流长。唐宋时的文献称白族先民“专于农，无贵贱皆耕”、“蛮治山田，殊为精好”。早在唐代以前，他们就吸收了中原先进的耕作法“二牛三夫制”，即《新唐书·南诏传》所载：“犁田以二牛三夫，前挽、中压、后驱。”即在耕地时，一人牵着合了犋的两头牛，后面一人扶，中间一人压辕以掌握耕地深度。这是一种先进的农耕技术。“二牛三夫”耕作技术极大地促进了白族先民农业生产的发展。

在星罗棋布的湖泊周围，居民以渔业为生，他们在湖中撒网或饲养鸬鹚捕鱼。居住在山地或平坝里的居民则利用丰肥的牧草从事畜牧业，畜牧大多为农耕的副业。

乳扇　（石宝琇摄）

羊、牛、马的饲养在白族地区占有重要的地位。牛分水牛和黄牛，过去水牛在梯田里进行“二牛三夫”的耕作最为便捷，长期被延续下来，至今有些地区仍在沿用。白族奶牛的饲养尤其发达，邓川坝子的奶牛在大理地区久负盛名。这里的草场以禾木科的奶浆草为主，到田里劳作的农民一定要利用空闲割一箩牧草收工时背回家喂牛。邓川奶牛繁殖性能力和泌乳能力很强，泌乳期一般为270～300天，日产奶量每头高达30公斤，奶含脂率达5.58%，奶味芳香。牛奶及其奶制品乳扇是白族特产，特别是乳扇。其以独特的加工、保存和食用方式，成为久负盛名的传统食品。据清咸丰《邓川州志》载：“乳扇者，以牛乳杯许，煎锅内点以酸汁。削二圆箸轻荡之，渐成饼，拾而指摊之。再以二箸轮卷之，布于竹架成张

页。干之色细白如轻縠。售之，张值一钱。商贩载诸远为美味，香脆愈酥酪。凡家喂四牛，日作乳扇二百张，八口之家足资俯仰矣。故比户尚之，与骡马羊豕同孳息。”

白族对牛爱护备至。立夏日被定为“牛生日”，这一天牛不犁田、不挤奶，被主人梳洗得光光溜溜，披红挂彩，中午牵到本主庙前集合，各家给牛喂糯米、白酒、茯苓、腊肉、红糖等煮的粥。

早在唐初的《西洱河风土记中》就记载有白族先民“河蛮”“有舟无车”的习俗，因此马就成了过去白族唯一的运输工具，从而很早就出现了“马帮”组织。这里的“马”，实指驮运之畜马、骡、驴，与经济生活关系密切。在这三种驮运畜中，骡是马和驴的杂交种。三者各有长短：马行走快，擅长于骑乘和拉车；驴个体小，善走山路，运力过人，适合农家杂用；骡马善行长途，为白族马帮的主要工具，被称作“山路之舟”。在滇西北剑湖边的白族聚居县剑川，远在大理国时期即以饲养良马而著称，1965年其东岭乡曾被云南省人民政府命名为“马匹之乡”。近代白族学者杨琼在其《滇中琐记》中记载：“鹤庆州城南五十里松桂村……旧有会场（集市），每岁七月二十四日集。自英人据我缅藩，逼处滇边，市马于滇以供车乘。松桂地为北方之冲，市马者多在此。……虽以西伯利亚、古西北口外所产之天驹名马，殆不是过。英人物色犬马，不惜生价。于是，滇之大贾，皆改他项买卖而专贩马匹。每马视其高，一尺重不止于十金。贩者利市数倍，人人皆争趋之，故此会年来寖成巨埠也。”

在云南，早在汉代大理西部的云龙县就是食盐的重要产地，云南西部自古以来就仰赖云龙食盐生存。云龙古称“比苏”，为汉武帝在云南西部所设郡县之一，意即“盐人之地”。云龙盐井，唐代有五井之说，即诺邓井、山井、师井、顺荡井；明代有八井之说，即石门井、诺邓井、大井、天耳井、山井、金泉井、师井、顺荡井。这些盐井中的诺邓井又称细诺邓井，即今诺邓盐井，因南诏时云龙属剑川节度使管辖，故《蛮书》有“剑川有细诺邓井”的记载。所谓“细”，乃白语“新”的意思，“旧”之反义，则此为云龙盐业开采早于唐代的证明。明代，云龙“井八区，灶丁三百人，年煎额盐二百一十万四千六百斤”，主要供应附近的剑川、永平、浪穹（洱源）、邓川、永平等地，并销往滇西边境的保山、腾越、今德宏等一带，转口缅甸。公元1383年，明朝在全国产盐区设置七个“盐课提举司”，云南有四个，其中之一“五井盐课提举司”就曾设诺邓，今衙门旧址犹在。随着交通等条件的进步，云龙已不再是主要产盐区，但诺邓村内盐文化的遗迹大多保存完好，有盐井、寺庙、牌坊、会馆、祠堂等。2007年5月，诺邓被国家文物局公布为全国历史文化名村，吸引了不少中国古代盐井文化的研究者和观光游客。中央电视台《舌尖上的中国》里所提到的“诺邓火腿”就是白族人的统传美食。

茶马古道　（谢光辉摄）

近现代滇西出现了三大商帮，即鹤庆帮、腾冲帮和喜洲帮，其中

鹤庆帮最早崛起。除腾冲帮发源于保山腾冲为汉族商帮外，其余两帮都是白族商帮。

开初，规模最大的是鹤庆帮。鹤庆是邻近丽江的大理州以白族为主的县，早在明洪武年间，这里已有一些手工业者兼营商业，来往于中甸、维西等地经商。清乾隆至道光间，因经营项目的扩大和资本的积累，一些白族商人在丽江、下关、保山、腾冲、成都、西康等地开设商号。道光三十年（1850年），李鸿康在下关开设“日心德”商号，这是当时下关较大的商号之一；继而，又在成都、西康开设分号，主要经营麝香、虫草、贝母、鹿茸等贵重药材，资金达十余万两白银，有“李自万”之称。光绪元年（1875年），舒金和、舒卓然、舒远程3人，在当时四川、西康两省的西昌、乐山、宜宾、雅安、会理、成都等地经商，主要以丝绸、布匹为主，兼营川产日用品，资金充裕后3人合资组成“兴盛和”商号。光绪末年，兴盛和由舒金和经营，其他2人分别组成“怡和兴”、“鸿盛昌”、“义通祥”等商号，成了鹤庆舒系商帮。光绪二年（1876年），清朝将领鹤庆白族蒋宗汉兴办起“福春恒”商号，在昆明、四川等地开设分号，从事滇西与缅甸之间的土产品、花纱、布匹等进出口贸易。光绪二十六年（1900年）前后兴起“庆昌和”、“宝新祥”、“德庆兴”等十几家大商号，其经营品种由药材、皮毛、丝绸、布匹，发展到黄金、白银、外汇，直至大烟，经营地从云南省延伸至上海、武汉、重庆、成都、拉萨，以及中国香港、印度、缅甸等地，形成鹤庆帮的鼎盛期。民国十年（1921年）以后，由于国际经济形势的突变，鹤庆商帮日趋衰落。直至抗日战争后期，滇缅通道成为中国进出口物资的主要转运线，一些商号得以复兴，主要经营出口黄丝、药材、火腿等，以及进口物资。

喜洲帮是云南影响最深远的商帮。从南诏时代开始，喜洲就是商旅云集的城镇，也是白文化最为发达的地方。明清之际，镇上出了不少精通汉文化的白族文人，民间有“一门三进士”、“父子举人”、“四兄弟同榜中举人”的佳话。到清光绪年间，清末民初，随着科举制度的废止，人们的价值观念更新，喜洲人开始“弃儒从商”，工商业逐渐兴起，出现了在滇西与鹤庆帮、腾冲帮齐名的喜洲商帮。他们依靠镇上精通儒学的人才作为幕僚（有的商人本身就是弃儒从商的文人），成就了一批儒商化的工商群。到民国，形成了号称“四大家”、“八中家”、“十二小家”为首的巨商。据统计，当时有1000多户的喜洲镇，就有坐商186户、行商236户，两者合占全镇户数的三分之一还多。他们继承了南诏以前“河赕贾客”的行商传统，把商号延伸到省内的昆明、下关、丽江、云县，省外的武汉、广州、上海、泸州、香港等地，国外则到印度、缅甸等国家。因此，有不少喜洲人都侨居国外，喜洲也成了云南著名的侨乡之一。

从发家史看，“喜洲帮”很少有巧取豪夺不择手段的暴发户。他们常常从小本生意做起，如到云县做茶叶买卖，有的甚至在集市上卖凉水、马草积攒资本。在经商过程中，他们“悉心研究”，“胜算常操”，坚忍不拔，不因“一时挫折而灰厥心”。虚心采纳其他人的建议，最典型的例子是董澄农采纳德国技师的建议，收购各旧锡矿废渣冶炼稀有金属钨而发家的事迹。喜洲商人信奉“信用即资本”的理念，发迹之后，不是一味地置田买房，而是在扩大再生产的前提下，“一切慈善事，皆竭力为之。如治道途以利行旅，浚沟洫以防水患，捐巨款以赈饥民”。最著名的实例是，抗日战争时，巨商严子珍首捐10万元以济军饷；董澄农出资修建云南大学西郊医院及病菌学院和大理中学、大理图书馆。在喜洲，他们办的公益事更多，如建万花溪发电站，接纳安置武昌华中学迁喜洲、创办五台中学、喜洲医院、苍逸图书馆，印制珍贵地方文献，等等。

久负盛名的“三月街”是白族经济生活的标准，被誉为“千年赶

喜洲白族民居严家大院　（鸥戈摄）

一街，一街赶千年”。

集市起源于史前时期人们的聚集交易，以后常出现在宗教节庆、纪念集会和圣地上，并常附带举行民间娱乐活动。“三月街”就是这样的集市。

电影《五朵金花》开始的插曲真实地记录了“三月街”的盛况：

一年一度三月街，
四面八方有人来，
各族人民齐欢唱，
赛马唱歌做买卖。

大理三月街不仅是滇西古老而繁荣的贸易集市，也是白族人民一年一度的盛大节日。每年农历三月十五日至二十日，滇西各族人民汇集在历史悠久的大理城进行大规模的物资交流，还要举行赛马、歌舞等活动。

大理三月街民族节　（王达理摄）

作为贸易集市的三月街，已经繁华了数百年。四百多年前，明万历《云南通志》载："三月十五日在苍山下贸易各省之货。自唐永徽间至今，朝代累更，此市不变。"公元 1636 年，徐霞客记下了当时的情景："俱结棚为市，环错纷纭。……千骑交集。……男女杂沓，交臂不辨。……十三省物无不至，滇中诸蛮物亦无不至。"清末修的《大理县志稿》则记载得更为详尽："盛时百货生易颇大，四方商贾如蜀、赣、粤、浙、桂、秦、黔、藏、缅等地，及本省各州县之云集者殆十万计，马骡、药材、茶市、丝绵、毛料、木植、磁、铜、锡器诸大宗生理交易之，至少者值亦数万。"清光绪年间，白族学者李燮羲也有一首《竹枝词》，描写了三月街的盛况：

昔时繁盛几春秋，

百万金钱似水流。
川广苏杭精巧货，
买卖商场冠亚洲。

新中国成立后，三月街更加繁荣兴旺，活动内容也更加丰富多彩。特别是改革开放后它的会期延长到7～10天，人数多达15万人，贸易总额达数百万元，上市牲畜万头以上。三月街上市的药材，几乎包括了云南药材的大部分。除此以外，附近的文艺团体和工农业余演出队在会期演出绚丽多彩的民族文艺节目。过去常举办赛马，这是三月街最吸引人的一项活动。到期，滇西白、彝、纳西、藏、苗等各民族剽悍的骑手云集苍山脚下，只待一声号令，骏马倏忽若飞，跳墙越堑，狂逸奔突，令人叹为观止。

第四节　能工巧匠

自古以来，白族艺术品工艺水平精湛。

剑川木工艺术自古远近闻名，有“丽江粑粑鹤庆酒，剑川木匠到处有”的民谚。明嘉靖年间，剑川木匠，曾被选入京城参加故宫建造。清乾隆年间，剑川知州张泓曾在《滇南新语》中写道：“盖剑川土跷瘠，食众生寡，民居世业木工。滇之七十余州县及邻滇之黔、川等省，善规矩斧凿者，随地皆剑民。”云南现存的一些著名建筑的木工部分大多出自剑川木匠之手，如昆明华亭寺、筇竹寺、圆通寺以及旧城中心的金马、碧鸡、忠爱三牌坊，钱南园祠堂，建水文庙、石照壁、孟连宣府司署、保山玉皇阁、宾川鸡足山佛寺等。1958年以来，剑川工匠曾三度赴北京，参与人民大会堂、民族文化宫的仿古木石部分的建筑。剑川木工除擅长于木结构建筑外，尤以独特精湛的木雕艺术著称。木雕主要用于建筑物装饰，以浮雕为多，现已发展为艺术价值很高的木雕工艺品，如斗拱、门楣、格子门、八仙桌、客堂供桌、茶几、床凳，以及民间乐器龙头三弦上的龙头和音箱等，尤其以云木雕花镶嵌大理石家具更有地方特色。木雕内容以花草、动植物图案为主，也有神仙传说故事的题材，常见的有“八仙过海”、“八仙庆寿”等。图案有香草、纹龙、纹凤、狮头、凤头、云纹等，变化多端，做工精细，用料考究，独具匠心，富于民族特色，既实用，又华美，远销欧、美等的数十个国家和地区。

剑川木雕不仅历史悠久，而且木工遍布全县。县境内的白族村庄如狮河、朱柳、回龙等村几乎家家户户做木雕，村里的大部分孩子从小就开始学木雕工艺，因此木雕工艺一直得以传承。

1996 年，剑川被国家文化部命名为“木雕之乡”。

剑川不仅木雕技艺高超，石雕也是古今扬名，唐宋时期开凿的剑川石窟被誉为“南国瑰宝”，是 1962 年国务院公布的第一批全国重点文物保护单位之一。

剑川石窟南距剑川县城 25 公里，包括石钟寺、狮子关、沙登箐 3 个石窟群，共有 16 窟 139 躯石雕造像。这些石雕的年代为南诏和大理国时期，其中第 6 窟的八大明王造像在规模和雕凿水平上都堪称西南之最。三头六臂的明王手持各类法器，骑着异兽，露出愤怒的面容。两侧的多闻天王与大黑天王高大威猛、服饰雕凿细腻。而且石窟中还有南诏始祖细奴逻及其后妃侍从、第五代王阁逻凤与众臣议事场面、第六代王异牟寻及其文武官员等的造像。这种表现皇室世俗形象的石造像在佛教石窟艺术中是非常罕见的。在造型上，剑川石窟的雕刻采用了圆雕、深浮雕、浅浮雕相结合的手法，背景部分往往运用线刻，细腻生动，造型逼真，表现了白族石工的高超的技艺。

大理石因出产于大理苍山，故又名点苍石、苍山玉和榆石，因普

白族木雕 （罗小韵摄）

遍用于木柱的基础而俗称“础石”。大理石大致可分为三类：一类是“云灰石”，因其石面花纹呈灰黑色，酷似涟漪荡漾，又称“水花石”；一类是“苍山玉”，晶莹洁白，与其他地方普遍开采的“汉白玉”相似；第三类是苍山独有的彩花石，按其色调可细分为绿花、秋花、清花和水墨花等，按其结构可细分为贴面花、入肚花和金镶玉等。彩花玉不仅独特，而且天然出画，最为珍贵。其中以“水墨花”和“金镶玉”更稀奇，图案的高低，全赖石工技艺的高超和取石时的得当。水墨花的花纹“墨分五色”，能呈现出酷似国画的山水画面。明崇祯十二年（1639 年）三月十二日，徐霞客在大理崇圣寺的净土庵前殿看到两方大理石屏，他在日记中记道：“北一方为远山阔水之势，其波流潆折，极变化之妙，有半舟庋尾烟汀间。南一方为高峰叠嶂之观，其氤氲汪深，各臻神化。……故知造物之愈出愈奇，从此丹青一家，皆为俗笔，而画苑可废矣。”而“金镶玉”的图案则犹如西方油画，在雪白的背景上翠绿山林边缘渲染着一道金黄色边沿，仿佛晚霞夕照，神秘瑰丽。这种彩石储量稀少，千石难逢，故有白族民间“有钱难买金镶玉”之说。

大理石传入内地时间很早。明代白族学者李元阳的《默游园记》中写道：“此石即白宫傅池中之天竺石，李赞皇平泉庄之醒酒石也。”白宫傅池是唐代诗人白居易的住所，李赞皇平泉庄是唐武宗宰相李德裕的别墅。

谈起白族的科技成就，就不得不首先提到铜的冶炼。1957 年在剑川海门口遗址发现 3100 多年前的 14 件铜器中有一件制造铜器的石范，证明这里是云贵高原最早的青铜时代遗址，是云贵高原青铜文化和青铜冶铸技术的重要发源地之一。这种冶炼技术，直接延续发展到南诏的铸铜技术水平。南诏大理国铸铜技术的发展，无疑是与王室崇佛大有关系。南诏王丰佑在位时，曾铸佛像 11 400 多尊，费铜 22 750 公斤。899 年，郑买嗣合十六国铜，所铸大理崇圣寺“雨铜观音像，高二十四尺”，传说，铸时铜不足，“天雨铜”，“像成之日，瑞光五色”。这是一种神化，但从中可见铸造技术高超之一斑。

其次是冶铁技术。比如宋朝周去非的《岭外代答·蛮刀》说：“今世所谓吹毛透风，乃大理刀之类。”所谓“吹毛透风”是利剑，即“剑刃上吹毛试之，其毛自断，乃利剑，谓之吹毛也”。这是何等神奇的剑，确实非一日之功，而能够制造如此工艺的人也非有绝技的能工巧匠不可。南诏冶铁技术的高峰是现存的全国重点文物保护单位“弥渡铁柱”。铁柱高 3 米多、圆周长 1 米多，重约 2100 公斤，铸造时由 7 块半圆形外范拼接后一次浇注而成，至今千年不倒，而且“不蚀不锈”，堪称奇迹。

白族建筑的高超自古有名，唐代建筑的崇圣三塔和南诏五华楼即是代表。崇圣寺三塔的主塔千寻塔大约建于 9 世纪初，为密檐式塔，高 69 米，16 层。其造型优美，能抗强烈地震，堪称一绝。李元阳曾描

述大地城中大理三塔经历的考验："明正德乙亥（1515 年），地大震，城郭人庐尽圮，中塔折残裂如破竹，旬日复合，宛然无璺，微神力曷克臻此！"1978 年，文物部门在加固维修千寻塔时竟然奇迹般地发现，塔身几乎"平地而起"，而无人砌石基，这实际上是充分利用苍山山麓的天然岩石为地基所建的。五华楼被称作是南诏的国宾馆，它曾接待过"南夷十六国"外国使者的朝贡。就是这座建于丰佑时后来在改朝换代中被毁的、"方广五里，高百尺，上可容万人，上可建五丈旗"的国宾馆，体现了白族建筑的高超造诣。

白族的纺织技术可以追溯到"河蛮"时期。唐初，河蛮的养蚕业已经很发达。

829 年，南诏进攻四川成都，掳来大批纺织技工，从四川带来织绫和丝绸的新工艺，极大地推动了南诏丝织技术的进步。《蛮书》中记载："俗不解织绫罗，自大和三年蛮贼寇西川，掳掠巧儿及女工非少，如今悉解织绫罗也。"

白族纺织业历来以大理喜洲一带最为兴盛，据清康熙《大理府志》载："今大理耕织成风，凡衣食饮食，率皆随其地之所自给。力田之余，负贩而出，则子妇勤织纺，贸布匹。"

扎染被称作古代织染的"活化石"，至今仍在大理周城盛行。提到纺织，不能不涉及印染。白族扎染的染料至今采用的也是古方，即靛蓝。《大理县志稿》的记载："靛出太和（即大理），叶椭圆形，花淡红色，而小茎赤色，有节。植之者刈去梢及根，种其茎数节即能发生。秋初刈叶，以水浸之。至蒸发时，和以石灰搅之，注于缸底者即靛也。凡染青蓝色皆用之，获利甚大。"

对于白族人口的流动历来有两种截然不同的说法，一种认为白族最早种植水稻，属于"水稻农耕民族"，因此安土重迁；另一种说法认为"邑人性质乐于旅行，鲜安家食。经商投工之外，游学外省外洋，

白族扎染 （石宝琇摄）

外求实业”。其实二者并不矛盾。为了温饱，安土重迁；为了发展，以求实业。

最有意思的是西藏白族迁徙的事例。20 世纪 80 年代初，有一种藏族男士随身佩刀的银质刀鞘工艺十分精致，不仅受藏胞的喜爱，同时也很受云南去西藏游客的青睐，他们纷纷购买作为馈送亲友的礼物。回到家才知道，这是大理鹤庆白族的杰作。因为改革开放以后，手艺高超、头脑精明的鹤庆白族工匠用传统的银器工艺制作了这种在藏民中畅销的刀鞘。有一则故事在民间流传：当年格萨尔王曾留下遗嘱，表示藏族人的佩刀无论其刀刃来自何方，刀鞘只有出自白族匠人之手才真正算得上是“宝刀”。经过历代手工艺者的开拓，鹤庆手工艺人的足迹早已遍布藏区。云南、四川、西藏、青海、甘肃五省藏区，甚至国外尼泊尔等地都有鹤庆白族匠人的身影，他们主要从事银铜器制作。拉萨是鹤庆白族匠人最多最集中的地区。目前，白族工匠主要集中于拉萨市北郊夺底路 66 号的金银铜器加工市场。这里离市区有七八公

里，是由当地政府单独划出来的区域，占地约10亩。市场内现有170多鹤庆商户，600多白族人。除了专门从事手工业制作的匠人外，拉萨也还有一部分最初从事手工业制作，后来转型专门经商的鹤庆白族人。他们在拉萨八角街等处设立铺面，专营旅游产品、藏区特产、日用品等，这部分白族人约有400人。因此，拉萨的鹤庆白族人目前有1000多人。日喀则是西藏的第二大城市。这里也有鹤庆白族手工艺人的身影。位于日喀则市区的邦佳孔路是鹤庆白族商户集中的地方，可以称得上是“鹤庆白族手工业街”。这里沿街的一面几乎都是鹤庆白族银铜器制作商铺，每个商铺都附带着加工作坊，柜台里则摆满各式金银铜手工艺成品。

白族银饰　（杨红文摄）

这些能工巧匠大多来自鹤庆县新华村（旧名石寨子），这个村有110多户5100多人。早在南诏国时期，这里就开始手工加工五金工艺品，至今已有一千多年的历史。新华村民族工艺品生产以传统工艺为基础，沿袭家庭作坊、言传身教、手工制作的经营模式，形成“家家有手艺、户户是作坊”的生产格局，所生产的近百类上千种民族工艺品销往国内一些省区和美国、日本、印度等国家。这些银器中，尤以“工艺美术大师”寸发标的十件组合九龙杯享有盛名。目前，新华村内有80％的农户从事银器、铜器等民族手工艺品的加工制作，该村被文化部命名为“中国民间银铜艺术之乡”。

第五节 巨大变化

1949年以前，有人曾说白族酷爱文明，但最落后的也是白族，意思是白族社会发展不平衡。从总体上看，确实如此。中华人民共和国建立以后，这种状况才得到了改变。

1. “祖荫下”的现代化

抗日战争期间，美籍华人著名的人类学家许烺光来到大理喜洲做社会调查，写出了影响深远的《在祖先的庇荫下》一书。在书中，他这样介绍白族聚居的喜洲：“喜洲镇约有1000户人家8000多人。有一个现象使得喜洲与中国其他乡镇迥然不同，镇里富豪大家之多令人瞠目。其中一些富裕家庭，不仅仅在当地方圆百里闻名，就是在省城昆明，他们也是首屈一指的豪富。当地的首富操办丧事，时间延续超过两个月，花费了一亿元。当时，一个大学教授的月薪也不过400～500元。富裕也促使这个镇拥有一所中学、一所两部分的小学和一所师范学校。1942年，三所学校一共招收学生1400人。学校实行男女同校，中学校长是毕业于清华大学的本地人。除此之外，还有一所医院和一个公共图书馆。医院约有20张病床，有正规护士学校毕业的护士一人，有学位证书的医科毕业生2人（其中一人曾受教于北京协和医院），有相当数量的助理护士和一个护士培训班。即便是公路通车以前，在这里也已经感受到了现代化的气息。几年前，镇上办起了邮局。一些家庭的子女到北京、上海、香港地区、印度，甚至日本、美国去留学或做生意。他们经常带回一些新的思想和新的生活方式。”从这里可以看出，早在20世纪40年代，白族社会已经发展到了比较先进的

程度。

与此同时，在离喜洲很远的怒江边，白族支系勒墨人的社会中还残留着野蛮落后的蓄奴制，两者形成了强烈的反差。

2. 怒江大峡谷里的蓄奴制

据考证，勒墨人因战乱在明代中叶由碧罗雪山以东的兰坪一带迁徙至怒江边，他们的祖先原来住在洱海周围，离开祖居地大约在元末明初。勒墨人迁住的怒江峡谷自然条件恶劣，有一首歌就是这个地方的写照：

陡坡上种着那青青的苞谷，
山岩上盖着那千只脚的木屋。
踩着云朵我去耕耘，
携着山峰我去追猎。
呀拉耶，怒江大峡谷！

虽然如此，勒墨人在那里属于先进族群，他们将大理国时期的领主封建制的残余蓄奴制携带进了怒江地区，强迫当地的怒族为家奴。白族家主称“朵薄”，意为“家长”；家奴称“住闷尼格”，意为“做别家的人”。尽管这种蓄奴制较之农奴制要温和得多，家奴可以与家主同吃同住同劳动，长大了家主还要为他娶妻办婚事，个别家主如无儿子，家奴还继承家产。但家奴的人身始终依附于家主，可以像猪羊一样被出卖。所以说，勒墨人的生产力还处在十分低下的阶段，而且蓄奴制本身十分落后。新中国成立以前，勒墨人的生产生活，与洱海周围的白族相比差别甚远。

另外一个对比是洱源西山的白族，他们的居住地离洱海并不远，只是地处原始森林密布且交通闭塞的高寒山区，自然条件并不优越。

他们稀稀落落地分散居住在简陋的垛木房里，耕种粗放，常常是“种一山坡，收一土锅”，食不果腹，穿的是自己纺织的粗布衣。新中国成立以后，他们获得了政府的扶持，使其生产生活发生了巨大变化，他们有一首著名民歌《麻衣变布衣》唱道：

我家住在西山区，
村多人少又分散，
文化又最低。
家家吃的是粗粮，
个个穿的麻布衣。
自从来了共产党，
麻衣变布衣。

1956 年 11 月 22 日，大理白族自治州成立，这是全国 30 个民族自治州中第 24 个成立的自治州，也是唯一的白族自治州。根据民族意愿，从此“白族”成为法定称谓。

然而，这不仅是称谓的确定，更重要的是对一个在历史上曾经为祖国统一作过出非凡贡献的少数民族地位的肯定。当年，中央代表团的费孝通在致词中曾说：“大理有悠久和光辉的历史，在中华文化上有独特的创造和贡献。在公元 8 至 12 世纪里，大理不但是中华文化的中心之一，而且与东南亚各民族有着密切的联系，是中原对外文化交流的一扇畅通的门户。在这种被称作‘南诏大理国文化’的多民族文化的形成和发展中，善于并勇于带头吸纳汉文化的白族一直起到举足轻重的作用，这成了中华民族大家庭中血肉相连的有力纽带。自治州成立以后，我们不但要珍惜这种传统，还要加以发扬光大。”

第三章

人口状况

有的学者研究称，历史上白族地区的流动人口数量众多，形式多样，既有自愿性人口流动，如经商、旅游、学习、研究等，又有非自愿性人口流动，如因充军、民众迁移和为军事服务的政治性移民导致的人口流动，以及因灾荒和逃避战乱等导致的人口流动；既有流出人口，也有流入人口。总之，在历史长河中，白族人口的规模是动态的。因此，要想把白族人口的历史脉络梳理清楚显然是很困难的事情。

第一节　人口规模

作为300多年大理国的主体民族，云南文化曾经出现过白族化的鼎盛时期。大理国灭亡以后，尤其是明代汉人入主云南，对白族社会的冲击巨大。元代李京的《云南志略》称："中庆、威楚、大理、永昌皆……白人矣。"可见元代白族在云南分布之广。明朝"屡徙大姓以实滇"，汉文化长驱直入，很多县区几乎全被"营"、"屯"、"芹"等村落所汉化。另外，南诏大理国及元明清时外出戍边、征战的白族官兵，如湖南湘西、湖北、贵州、四川、东北三省等地的白族，长期在外而没有被识别。因此，在相当长的一段历史时期里，很难得出白族人口

的准确数字。直至近代民族识别工作的开展，特别是 1981 年国务院有关部门发出《关于恢复或改正民族成分的处理意见的通知》以后，从 1990 年第四次全国人口普查开始，白族人口才有较为准确的统计。

据清嘉庆《一统志》载：“（大理）向因蛮民杂处，未经编丁。”换言之，当时因边远地区少数民族杂居，成了中原王朝的编外人口，而民族也难以识别，白族人口在历史上更是一个十分模糊的概念。且不说历史上云南省外有没有和有多少白族谁也说不清楚，就是大理地区包括哪些范围，有多少人口，从来也没有准确数字。最近，有人根据葛剑雄《中国人口史》记载估计东汉永和五年（140 年）永昌郡 8 县的总人口为 20.2 万人。之后，有人估计南诏时大理地区人口约 23 万人，大理国时约为 49 万人，元明两个朝代约为 30 万人。这种估算，不要说没有白族的人口数，就大理地区居民的准确性也令人质疑。

但是，有个事实不能忽视，清朝中期由于社会相对稳定，到 1856 年大理地区人口已发展到 160 万人的高峰。随着社会形势的变幻，鼠疾的大流行和民族反清战争的爆发，地区人口锐减。即《大理县志稿》所述：“大疾迭兴，兵戈甫息，疾病频仍，死亡狼藉，惨于血刃，盖吾邑民族劫运。”

白族人口的正式统计是在民族识别以后 1953 年的第一次全国人口普查才开始的。

根据 1953 年 6 月 30 日 24 时为始点的第一次全国人口普查数据，白族人口为 567 119 人，占全国总人口的 0.1%。同时，大理地区统计的区内白族为 466 812 人；必须说明的是，当时大理白族自治州还没有成立，大理地区设专署，辖地包括大理、下关、凤仪、洱源、邓川、宾川、弥渡、祥云、云龙、永平、漾濞、蒙化（巍山）12 县和后来划

归临沧的云县、顺宁（凤庆）2县，而不含白族人口最多的剑川和鹤庆两县。

1964年第二次全国人口普查，同年6月30日24时的人口普查数据中，白族人口为709 673人，占全国总人口的0.1%。此时，大理白族自治州已经成立近14年，全州包括下关市，大理、漾濞、洱源、剑川、鹤庆、云龙、弥渡、宾川、永平、祥云10县和巍山彝族回族自治县，自治州统计的境内白族人口为550 345人。

1982年第三次全国人口普查，同年7月1日0时的人口普查数据中，白族人口为1 132 224人，占全国总人口的0.11%，位列全国15个100万以上少数民族人口的第13位。自治州统计的白族人口为857 410人，比第二次全国人口普查增加307 065人，增长55.8%，18年中平均每年递增2.49%。尽管如此，全州总人口29年年均递增速度为2.16%，白族人口的增长速度仍低于总人口增长速度的4.3‰。根据1956年8月13日，大理专员公署《关于筹建大理白族自治州的报告》称，当时境内人口总数为1 489 379人，其中白族为475 949人，占总人口的31.96%。与1982年人口普查相比，26年中总人口年均递增2.33%，而白族人口年均增长只有2.29%，明显缓慢于总人口的0.4‰。其原因可能是行政体制的变动所致，但以体制相对稳定的1970年以来的12年看，汉族人口年均递增水平为1.95%，而白族只有1.85%。

1990年，第四次全国人口普查，当年7月1日0时的人口普查数据中，白族人口1 598 052人，占全国总人口的0.14%，位列全国18个100万以上少数民族人口的第15位。自治州统计的白族人口为995 911人，占全州总人口3 001 770人的33.18%，比第三次全国普查人口增长16.15%，比其他民族增长缓慢。白族主要聚居在州境内西北4个县和中部的大理市，这5个县的白族人口占全州人口的89.46%，其中大理市最多，为279 721人，相当于其余7个县的2.67倍。

据2000年第五次全国人口普查的数据，白族有1 858 063人，是全国18个百万以上人口的少数民族之一。与10年前的“四普”相比，白族人口增加了26万人，增长率为16.27%，年均增长率1.46%。在白族人口中，城镇人口有38.16万人，占总人口的20.53%；乡村人口147.65万人，占总人口的79.47%。与10年前相比，白族城镇人口比率提高了7.12个百分点。这次人口普查显示，白族在全国的31个省、自治区、直辖市中均有分布，主要集中聚居在云南省，共有150.56万人，占白族总人口的94.22%。另外，白族人口在10万以上的地区还有湖南和贵州。

2010年，第六次全国人口普查统计白族人口为193.4万人，比2000年第五次全国人口普查增加了7.6万人，增长率为4%。“五普”中，白族在全国各少数民族人口中排名居第14位；“六普”中，排名第13位。截至2010年，在白族人口中，城镇人口有38.16万人，占总人口的20.53%；乡村人口147.65万人，占总人口的79.47%。与10年前相比，白族城镇人口比率提高了7.12个百分点。

第二节 人口结构

据人口普查资料显示，1982年，白族人口中男性为56.72万人，女性为56.49万人，性别比为100.4；2000年，白族人口中男性为94.71万人，女性为91.10万人；性别比为103.95；到2010年第六次全国人口普查，白族人口中男性为97.89万人，女性为95.45万人，性别比为102.55，比全国的105.2低。

白族人口的年龄构成数据显示，2000年第五次全国人口普查时，少年儿童人口（0～14岁）的比重为27.32%，劳动年龄人口（15～64岁）的比重为66.45%，老年人口（65岁及以上）占6.23%；与1990年相比，少年儿童人口比重下降了5.17个百分点，劳动年龄人口比重和老年人口比重分别增加了3.75和1.42个百分点。到2010年第六次全国人口普查，少年儿童人口比重为21.05%，劳动年龄人口和老年人口比重分别为71%和7.85%。

过去，白族主要以从事种植、养殖业为主，从事工业、手工业及商业者不多。随着社会的发展，白族人口的从业类型发生了很大的变化。据1982年和1990年人口普查资料的数据显示，白族人口从事生产部门和非物质生产部门的占白族在业人口数的比重变化不大，分别维持在94%和6%；从事第一产业的人口减少，从事第二产业和第三产业的人口增加，尤其是旅游业，促进了白族的第三产业的长足发展。

从职业看，白族人口中在2000年从事脑力劳动工作的占全部从业人口的比率为8.44%，从事城市体力劳动的人口比率为12.32%，从事农村体力劳动的人口比率为79.25%。具体地说，担任国家机关、党群组织、企事业单位负责人占从业人口的比率为1.07%，担任技术工作的占5.18%，办事员占2.18%，商业、服务员的比率为5.44%，从事生产、运输设备操作工作的比率占6.85%，从事农林牧渔工作的占79.25%，而从事其他工作的比率占0.03%。

2000年，在15岁及以上的白族人口中，劳动力为108.27万人，其中从业为106.98万人，失业为1.29万人，劳动参与率为82.33%，在业率为81.35%，失业率为1.19%。从业人口中，从事第一产业的占79.30%，从事第二产业的占6.99%，从事第三产业的占13.71%。

第三节 人口素质

在云南省，白族文明一路领先。曾任明正德、嘉靖两朝内阁首辅的云南人杨一清曾说："吾滇南（指云南）文献之著称大理。"清康熙二十年，云南提督偏图亦曾给大理题写"文献名邦"匾，彰显白族文明之盛。大理主体民族白族的文化水平由此可见一斑。

据文献记载，南诏、大理国时期白族的汉文学校教育已经有相当的发展。而明、清时期则是白族古代学校教育发展的一个高峰。明代白族地区除各州县遍设官学外，还建有书院23所。清代白族地区私学遍布，各州县还创办属启蒙教育性质的义学10～20余所不等；官学、书院比明代又有发展，学校教育已十分普及。科举考试录取者也较多。中进士者数以百计，举人则数以千计。清末民国初年白族各地相继废除旧学制，推行新学制。这一时期，白族有一批人留学日、美等国，造就了一批具有现代化知识的白族精英。

据统计，2000年，白族15岁及以上人口有135.05万人，其中，文盲人口14.83万人，文盲人口比率为10.99％，其中男性成人文盲率为5.22％，女性成人文盲率为16.98％。与1990年相比，文盲人口减少了17.69万人，文盲率下降了19.17％。白族人口中，6岁及以上人口167.96万人，其中，受过小学以上（含小学）教育的占87.72％，受过初中以上（含初中）教育的占41.20％，受过高中及中专以上教育的占11.69％，受过大专、大学教育的占2.99％。平均受教育年限6.97年，比10年前增加1.49年。

耕读传家，薪火相承，这是白族在双语语境中顽强地汲取和包容汉文化的传统方式。白族自形成以来，一直仰慕中原文化，汉字成了白族的通用文字。这种双语现象并不影响白语和白族文化的承接，反

而加深了白族地区与中原先进文化的沟通和交流。在白族地区，自古就有尊师重教的传统，所谓的师和教都以汉文作为载体和桥梁，这是很值得研究的文化现象。元初，西台御史郭松年的《大理行记》中有一段话："凡诸寺宇皆有得道者居之。得道者，非师僧之比也。师僧有妻子，然往往读儒书，段氏而上有国家者设科选士，皆出此辈。"这些得道者既是释僧，又是儒士，他们崇释习儒，即"其流则释，其学则儒"，被称为"释儒"，即《南诏中兴二年画卷》中的"儒释耆老之辈，通古辨今之流"。虽然从现存南诏大理国时期的佛经看，字里行间还留有朱文的旁注，这些旁注据说是所谓的"白文"，起注音的作用，但毋庸置疑，汉文仍然是佛儒经典传承的主要载体。

明清以来，白族的师教已经从寺庙回归民间，除了县级以上的书院、府学、州学外，遍布农村的大都是私塾，是由受过科举教育或从新制学校毕业的"宗师"传教。近代，这些宗师中还有不少赴日本等国外留学归来的人士。值得一提的是，这些塾师依然用民族语言思维进行交流，他们操起汉话来并不流利，但他们的汉文水平并不比外地的汉人差。就是通过村子里一批又一批受白汉双重文化浸润的塾师们，带着一批批连汉话都不会说的学生利用双语教学的翻译和传播，一代又一代说不好汉话的学生中竟然能出现通古博今的英才。后来成为《文心雕龙》研究知名专家的张文勋教授曾说过，他五岁发蒙，随一位塾师学汉文，从《三字经》开始，连续三四年都在背诵《四书》，但那时他还不会说汉话，若家里来了汉人，他都要躲在妈妈的身后。白族的知识阶层就是以这样特殊的方式将中华文明代代相传的。

说到白族社会的发展，不能不提到剑川，它在白族历史的发展上具有典型性。剑川地处大理与丽江、怒江的交界，在历史上一直处于战略要地，是滇西北的交通要冲，北可进藏区，西可经云龙、永平、保山出缅甸，即"剑处滇之极西，为进藏门户"。明洪武年间，剑川州治“柳龙充”即为“闾阎辐辏，商旅杂遝”的城郭。

在文化上，剑川人的民族性很强烈，很不容易与外来文化融合而失去自我特色。这里的民间文学很兴盛，一年一度的石宝山歌会期间，在典雅的石宝山石雕佛像前，成群结队的民间歌手们尽情地歌唱白族情歌。在大理白族自治州，白族人口最多的是大理、洱源、剑川、鹤庆和云龙 4 个县市，而白族占人口比例最高的是剑川县，是全国白族人口唯一占 90％的县。而且，白族人口最多的县城也是剑川金华镇，在这里白族话成为大众语言，即便是县里的会议，大都通用白语，除非有外人参加。城里的居民世世代代都操白族话，而其他各县均以汉话为主，县城流行汉话。而剑川却是例外，这是剑川的显著特征。

说到自然环境，剑川的自然条件并不算是好的。康熙《剑川州志》载:“因地土硗瘠，又近雪山，寒气侵逼，五谷少成，收获亦在邻郡之后。”又说“（剑川）业农者能兼习工艺”。剑川百工匠艺中，尤以木工为精。木工技术成了剑川农民外出谋出的主要途径，造就了清代《滇南新语》作者张泓所说的：“近则仲夏孟冬栽获两归，远则以收获为期必一返，获毕乃往。是以剑川之耘耨樵牧尽属村妪。男既远游，女当门户。催粮编甲亦妇代夫役，皆能练事无误。”

剑川文化的这些双重特点，使它在佛教密宗阿吒力及儒学广泛传播的氛围中，很容易催生耕读传家的浓厚文化传统。即如《剑川州志》所说：“子弟成童即肄诗书，以不学为耻。”明崇祯十二年（1639 年）二月十四日，徐霞客在剑川金华山下曾见到道宫中有一何氏书馆，“何乡绅之子读书其中。宫中焚修者非黄冠，乃瞿昙（和尚）也”。可见当时在剑川，设馆授徒之盛，成为城乡普遍风习。近代，周钟岳、赵式铭的启蒙老师段野史，就是典型的知名塾师。

清末民初，剑川出了一位全国人耳熟能详的名人，四川武侯祠名联“能攻心则反侧自消，从古知兵非好战；不审势即宽严皆误，后来

治蜀要深思”，就是这个剑川人写的，他就是大名鼎鼎的赵藩。有一年，他回乡给剑川的“惜字会”写了另一副很有意义的楹联：“如爱儿孙，合为读书留种子；可怜虫豸，也凭食字作仙人。”这句“为读书留种子”含义深刻的句子，是前辈学人奖掖后学、提携人才，使文明薪火一代一代传承的真谛。

大理古城文献楼　（杨克林摄）

大理古城南门外，有一座“文献楼”，楼上的“文献名邦”四个大字的匾，就是康熙的宠将云南提督偏图题写的。云南是在康熙三十年“削平三藩”后才被清朝平定的，立了战功的汉人偏图被康熙皇帝委派为云南提督，成为省里绿营的最高长官，当时的提督府驻在大理。因此，这块“文献名邦”匾也就具有很高的权威性，文献楼因此得名。

在近代，白族中出了不少杰出的革命家、艺术家、作家、学者、科学家、实业家。

赵藩的同乡、学生周钟岳（1876～1955），曾留学日本，后任云南都督府秘书长，护国讨袁时任四川省军署秘书长；抗日战争胜利后，任国民政府内政部长、考试院副院长，1947年不满现实，愤然托病归乡。他曾担任《云南通志》总纂，对云南文化事业贡献很大。

杨杰 （文化传播供图）

张耀曾（1885～1938）是大理喜洲白族，近代白族著名的法学家。青年时代留学日本时曾主办《云南杂志》，参加同盟会，很有声望。护国讨袁后，他曾任国民政府司法总长。其著述有《考察司法记》、《列国在华领事裁判权志要》、《民法讲义》等。张耀曾的女儿张丽珠现在北京工作，是著名的医学家，我国第一例试管婴儿的成功试验者。

杨杰（1889～1949），大理白族，是我国现代享有国际声誉的著名军事国防战略家，曾任国民党军总参谋长、陆军大学校长、驻苏联大使等职。其《国防新论》是我国军事科学史上有影响的专著。他思想倾向进步，1949年准备赴北京出席全国政协会议时，在香港被国民党的军统特务所暗杀。

20世纪二三十年代，白族还出现了一批在云南乃至全国均有影响的无产阶级革命志士。如白族第一个共产党员、广州农民运动讲习所教员张伯简。还有1927年在美国加入共产党、撰写《孙中山传》，其青铜浮雕像立在清华大学图书馆的施滉。著名东北抗日名将周保中。

在近现代文化教育战线还有一批卓有成绩的白族人士，如云南省第一所大学东陆大学（云南大学的前身）筹备者、名誉校长王九龄，校长董泽。董泽曾任云南省交通司长，主持修筑云南第一条公路昆陆

线。除此之外，还有一大批至今还活动在文学界、科技界、政治界的老中青人才。其中佼佼者当推“两弹一星元勋”王希季，他是中国早期从事火箭技术的组织者之一，是中国第一枚液体推进剂探空火箭及其后的气象火箭、生物火箭和高空试验火箭的技术负责人，倡导并参与发展无控制火箭探空技术和航天器返回技术两门新的学科；创造性地把中国探空火箭技术和导弹技术结合起来，负责提出中国第一种卫星运载火箭的技术方案；主持长征一号运载火箭方案研制和核试验取样系列火箭的研制；负责制定出立足国内技术和工业基础而又能达到国际先进水平的返回式卫星研制方案，主持采用新技术，使卫星增大功能、延长了寿命，使中国卫星返回技术达到国际先进水平，是“两弹一星元勋”中唯一的少数民族。

第四章

屋檐内外

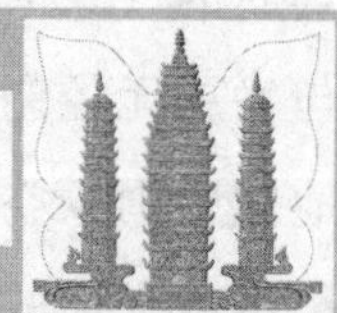

屋檐之内是家庭，屋檐之外是社会，历来惯于安土重迁的白族却是一个性格外向、善于交往的民族。围绕着屋檐，白族有着许多关于生产生活的奇风异俗。

第一节　家庭结构

家庭是社会的细胞，而家庭的结构类型由婚姻以及婚后父母子女的关系所决定。白族通常实行一夫一妻制，除同姓同宗不婚外，与其他民族均可通婚。儿子成婚后就与父母分居另外组织小家庭，父母跟谁一块生活，由父母选择，但一般随同幼子居住。白族有谚语：皇帝爱长子，百姓宠幺儿。在传统社会中，白族一直以小家庭为最普遍形式，即以美国社会学家默多克于 1949 年提出的主干家庭类型（指父母或一方与一对已婚子女共同居住生活）为主。白族也有“四代同堂”的大家庭，但数量不多。

1937～1938 年，人类学家 C·P. 费蒋杰罗德访问大理后，有《五华楼：关于云南大理民家的研究》一书问世。在“家庭及住房”一节中，有这样一段精到的描述：

民家（即白族）的社会结构实际上由地域社团、崇拜同一本主的村子和以家庭而非以族为单位组成的亲缘团体共同构成。家庭在这里应该理解为一个大家庭，或联合家庭，即包括已成婚的儿子及其子女并同父母都住在同一屋檐之下的家庭。

白族民居　（马宏杰摄）

在民家话里“hao”这个词既是“家庭”又是“房子”的意思，每座房子都是家庭的家园，一个无家可归的家庭在这里没有听见过。显而易见，家在民家社会结构中有着重要的地位。在民家社会里，很少有社团和基于非家族关系上建立的组织机构的社会地位可以凌驾在家庭之上。当然，每个村子都有一个头人，但他不可能将这个头衔传给他的男性后辈或同姓的人。因为，他是经过祭祀本主推选出来的。但是，每个村子都是家庭的联合体，这些家庭在母系方面大都有血缘关系。村子里并不存在按年龄或按社会职能区分年轻人的社会组织。对绝大多数民家人来说，家庭是社会的基本单位，人们在家庭里终其一生。

因为家庭在白族社会中的重要地位，而家庭和住房又是紧密联系的概念，白族非常注重住房的建造，白族民居成了很有特色的建筑。

在大理一带流传着一句俗语："客籍人，茅草房油香香；白族人，大瓦房空腔腔。"说的是在这里的白族和外地迁来的客籍人在生活上的不同观念：客籍人注重吃，不讲求住；白族则与之相反，不惜倾尽全力毕生奔波以建造一座像样的住房，即使到头来家徒四壁也乐此不疲。当然这是夸张的说法，其实白族并非除住房之外一无所有。

白族院落 （刘朔摄）

白族水稻农耕的历史很久远，他们长期定居并注重住房的牢固和舒适，就成为他们适应农耕生活的第一需要。

洱海边的大理坝子分布着粉墙青瓦的白族村庄，在绿树掩映下星罗棋布地点缀在绿畴之中，山的苍，湖的蓝，湛蓝深邃的天，变幻莫测的云交相辉映，给人一种整体的和谐感。尤其是每个村庄独有的一两棵盘根错节、浓荫蔽日的神树大青树，使错落有致的村庄更添风采。

大青树是在我国北方难得一见的乔木，学名叫高山榕树。它茂密、葱茏，充满了生机。大青树宽大的基座由石块堆砌，与对面的古戏台组成广场。这里既是村民们娱人祭神的地方，又是劳动之余休息和日常生活物质交流的场所。村民们把大青树的枯与荣看作是他们村庄衰或兴的象征。

白族民居承袭了中国传统“上栋下宇”的木构架庭院式住宅结构。建筑材料因地取材，高寒山区普遍以“垛木房”为主，墙体和屋顶通体木料；坝区以土木瓦为主，洱海西岸则充分利用石料，除房屋的柱础用麻石外，墙体也用石块砌成，甚至门窗顶部的横梁亦以长石条代替，因此有“石头砌墙墙不倒”的民谚。这种住宅都是两层楼房，很少有平房。

白族民居结构　（谭伟摄）

白族大多聚居在南北走向的横断山脉帚形山系的平坝中，村落多坐落在平坝中间或依山傍水的坡地，一般以坐西向东为主位（部分坐落于东山麓的则以坐东西向为主位）。通常以东西轴线安排房屋，重院则按横向的南北轴线深入。大门一般设在东北角，主房、厢房和对厅（或照壁）围成封闭式院落。

典型白族民居建筑的组合形式有“一方一廓”、“三方一照壁”、“四合五天井”等。所谓“方”系指三隔间两层的一个建筑单元。“一方一廓”是由一方带两耳房组成的小院落；“三方一照壁”是由主房和两侧厢房，加上主房对面的照壁所围成的封闭式院落；“四合五天井”则由主房、对厅、两边厢房以及四角耳房（前面各有一小天井），围成的四合院，包括中间大天井和四角耳房天井，大小共五个天井。此外，大的住宅还以多院落串列组成“一进两院”，以至“一进五院”的群体，称“六鹤同春”。主房中间为堂屋，是供祖先牌位以及当客厅用；两边为青年人的洞房，老人小孩一般住在楼上或厢房内。这些民居组合形式中，大多以“一方一廓”和“三方一照壁”居多，这与前面提到的小型家庭结构有关。

白族民居注重照壁和门楼的装饰，照壁起到分隔建筑空间，增强层次的效果。照壁和门楼的建筑精致，飞檐翘角，并饰以泥塑、彩画、书法等，给人以既大方又精巧的美感。喜庆节日，白族居家都有张贴门联的传统，如果是主人自撰自书，“观对联”就成了庆典中一项有趣的文化活动。白族还注重环境的优美，多数人家的天井内都砌有花坛，植一二棵山茶、缅桂或丹桂、石榴、香橼等花木，或摆设兰花等盆花，香气袭人，恬静幽雅。这种布局和营造极致地体现了白族重人生、重现实的世俗理性精神。

白族社会重视社会生活中的互帮互助品格。比如在一些半山区的村子里，盖房是不需花钱的，哪家要建新房，村民们会各尽所能地投入其中，有的伐木取料，有的烧石灰砖瓦，有的砌石脚筑墙，木工、泥工、石工一齐上。不久，一座崭新的青瓦粉墙的白族民居就落成了。

栽秧会是农耕中的互帮互助组织，又称“秧赊”或“秧会”，是一

白族民居照壁 （杨兴斌摄）

种换工形式。它的功能既是抓紧节令的劳动互助，又是调节劳作强度的娱乐活动。每逢四五月间栽插季节来临时，几十户人家或整个村庄的劳动力会自愿组合起来。每个“秧会”都要推选出一名“秧官”，秧官既是生产能手，又是村里有感召力幽默风趣的中年男性，其主要职责是劳力的安排调度及质量的把关等。每个“秧会”都有一面作为活动标志装饰得五彩缤纷的“秧旗”，旗杆一般有三丈多高，顶端插有以彩绸扎成象征五谷丰登的升斗，升斗下面飘扬着白色犬牙镶边的蓝色（涝）或红色（旱）三角大旗，上书“风调雨顺”、“国泰民安”等祝辞。旗的顶端还系有彩球彩带、野鸡翎、大铜铃等装饰。“秧旗”插到哪里，栽插队伍就在哪里摆开阵势。插秧的第一天称为“开秧门”，人们身着节日盛装，连秧担子上都要插满鲜花，高擎着“秧旗”，在唢呐鼓乐和鞭炮声中出发，沿路唱着高亢的“吹吹腔”和白族调，浩浩荡荡向田间行进。首栽田块的田埂上由主人备好果酒，队伍一到，祭祀后便分食糖果、饮酒高歌，然后在唢呐鼓锣声中开始下田栽插。

白族古镇 （张中生摄）

整个栽插活动都在乐声中进行。白族唢呐曲牌中有许多专门配合栽插节奏的调子，如“栽秧调”、“龙上天”、“蜜蜂过江”、“过山情”等，曲调悠扬，起伏跌宕，调节着人们劳动的情绪。“秧官”则手提铓锣，在插秧人群后面来回“监督”质量和进度，不停地猛敲铓锣，插科打诨。每栽完一丘田，妇女们便齐唱一曲调子，祝秧苗快生快长。欢歌笑语，不绝于耳。午餐由主人送到田间，少不了都有大片的“栽秧肉”和象征“年年有余”的酸辣鱼。收工时还要分食炒豆，称之为“洗脚豆”。在白族人心目中，这既是最紧张的生产劳动，也是最欢乐的农事节日。

“田家乐”是全部栽插结束后的又一种节日活动，亦称“关秧门”或称“谢水节”，庆祝栽插圆满结束，其意亦为对水神的感谢。这一天，“秧会”的全体劳动力包括家中老少都要到本主庙聚餐，杀猪宰羊，敬献本主，娱神娱人，祝愿丰收。人们抬上秧旗，簇拥着骑在马上的“秧官”，化装成渔、樵、耕、读等角色的队伍和霸王鞭、八角鼓歌舞队紧跟其后，在各村庄巡回表演。每个人的装束和各种表演都以

滑稽逗乐为目的，女扮男装、男扮女装，极尽反串、夸张之能事。“秧官”也被打扮成丑角，头戴竖着秧把的斗笠，双脚一只蹬皮靴一只蹬草鞋，戴墨青眼镜，挂着麦穗做成的胡须，反身骑着高头大马。有的地方还有“打秧官”的习俗，给“秧官”抹个大花脸。渔、樵、耕、读的表演以唢呐伴奏的“吹吹腔”形式演唱，唱词风趣，洋溢着浓郁的乡土色彩和强烈的生活气息。整个活动表现了紧张劳动之后的放松和欢乐，也表达着对丰收的祝愿。

第二节　白族金花

在开凿年代始于南诏国的剑川石宝山石窟中有一个“阿姎白”造像，当地妇女在它面前下拜以求多子多福，有些学者则认为这是古代女性生殖器崇拜的遗迹。在这神秘石雕的两旁有一副不知哪个年代墨书的楹联：“广集化生路，大开方便门。”这是白族对女性及其生育观念的一种反映。

1956 年，民俗学者毛星从北京来大理采风，他在《白族民间故事传说集》一书的序言中写道：

> 白族妇女不论在劳动中，在家庭里，还是在社会上，都占有重要的地位。在坝子里或山区里，一切主要的吃力劳动，比如下地种田、上山砍柴，妇女和男子干得一样活跃。走在街道上，我们可以看到许多店铺里坐的是女掌柜；走在通往市镇的大路上，我们可以遇见许多背筐挑担的妇女。在家庭里，妇女的地位很高，好多对外的交涉，常常由妇女出头来办理。据当地人说，邓川、洱源一带曾被人称作“女儿国”，有的人说唐僧取经路过的女儿国就是这个地方。正是由于妇

女在生产中所占的地位较高，比起汉族妇女，白族妇女在恋爱方面也自由得多了。没有出嫁的姑娘，可以自由和自己爱恋的男子来往；妇女的结婚虽然得完全听命于父母，但结婚后的妇女仍可与过去相恋的男子来往；妇女对结婚不满意，虽然不能离婚，却可以返回娘家，在娘家和自己相爱的人保持亲密的关系。

《滇南新语》一书写道："剑之耘耨樵牧尽属材娘。男既远游，女当门户。催粮编甲，亦多妇代夫役，皆能练事无误。"20 世纪 30 年代，英国学者费茨杰罗德在《五华楼》一书中，也有同样的记述："男人和女人们在田地里干着同样的活，只有犁田的重活留给男人来干。妇女们在田间薅草，用锄头耕耘、栽秧、协助男人收割，把收割下来的谷物背回家里。集市贸易通常由妇女参加，她们把商品背进城里，白天在集市上出卖，傍晚带着钱回家。白族妇女身体健壮，经常从事搬运活动，而在中国其他地方，这种活仅仅由男人承担。"

由此可见，一般所说的"女人主内，男人主外"的规则，在白族地区并不普遍适用。相反，白族妇女的作用和社会地位是举足轻重的。

白族妇女素以矫健、勤劳、聪明和开朗著称。在滇西北高原一带有这样的俚语："丽江粑粑鹤庆酒，剑川婆娘到处有"，"讨个民家（白族）婆，抵得骡子驮。"这固然反映了旧时代受儒学的影响，白族妇女地位的低下和生活的艰辛，但也从另一方面说明了她们的野性和勤劳。白族妇女的吃苦耐劳是出了名的，过去农村放映广场电影，当银幕上出现北方妇女回娘家时骑着毛驴由丈夫牵着走的镜头时，白族妇女会满场哗然，她们说男人怎么这样窝囊，在她们的意识里面应该由丈夫骑驴妻子牵驴才对。

在民间，人们常用"马蜂"和"喜鹊"形容白族姑娘的美。这种

审美情趣，既是外在的形体美，也是内在的性格美。从外表看，白族妇女的服饰色调对比强烈，白色外衣配上黑色或红色的领褂和蓝色的围裙，有如喜鹊的黑白分明，在明快中求得和谐；紧袖的上衣和用宽腰带束紧的腰身，有如细腰马蜂，恰到好处地显现了女性优美苗条的体态。同时，马蜂和喜鹊也显示了白族妇女泼辣、直率、开朗、乐天的气质。

白族妇女耍龙舞　（梁志强摄）

白族妇女大都心灵手巧。她们擅长缝纫、刺绣、扎染、剪纸、木雕、草编等传统工艺，也善于制作民族特色的食品，如乳扇、乌梅、雕梅、酸肝、果脯等。有一首《雕梅》的古诗就是描写白族妇女雕制梅子食品的情景："小小青梅上指尖，巧手翻作玉菊兰；蜜糖浸渍味鲜美，疑是仙葩落人间。"

影片《五朵金花》以其精巧的爱情故事、秀丽的苍洱风光和浓郁的白族民俗，吸引了海内外观众。影片塑造的以社长金花为主角的5位白族女子，给人们留下深刻的印象。它第一次向外部世界形象、生动、真实地展现了当代白族妇女的精神风貌。她们泼辣、大方、质朴、机智、勤劳，少有因袭的重负。如今，“五朵金花”通常成了白族妇女的象征，甚至成了其他民族优秀妇女的代称。

白族民间崇拜中最著名的是性生殖器“阿央白”。“阿姎白”是剑川石宝山石窟石钟寺区石窟的第八窟，在白语里“阿姎”是少女，“白”是女阴的意思，“阿姎白”就雕凿在岩壁东侧。石窟分上下两层，上层正中的莲花座上有一酷似“女阴”的凹槽形雕物。左右各平雕佛像一尊，下层为佛、天王像。此窟的原雕凿有几种说法：浪漫的艺术家认为，这是诸石窟中成像年代较早者，乃是原始母系崇拜的遗意，是白族人对生命的礼赞；谨慎的白族学者则认为，墨书是两句佛家语，佛教密宗亦对女性极为尊重，此窟基座为一精致的莲花宝盖，说明这是密宗曼陀罗“莲花胎藏界”的形象；这两种说法，尚无定论。但是，普通民众并不在乎原来是什么，在他们眼中这是女阴无疑，她们对其顶礼膜拜是天经地义的。因此，生活在石宝山周围的剑川、丽江、洱源等地甚至更远一些的不能生育的白族妇女，并不考究“阿姎白”是原始的还是佛教的，她们来的目的就是祈求子嗣。她们在石刻上用香油涂抹，然后行跪拜礼，天长日久龛前的石板被踩磨出两个凹窝，石面光可鉴人。

“阿利帝母”与“送子娘娘”是白族的生育神，象征血缘家族的繁衍。

“诃利帝母”本来是佛教神祇，是梵语的音译，意为暴恶，即鬼子母神，为育子、安产及护法女神。被白族引入本主神之后，讹传为“阿利帝母”。大理市金星村的本主即为阿利帝母，到了秋天，村民为保稻苗往本主庙祈祷，祷告词念：“雪隐稻白，神福佑护金棵，富臻米粒成仓，干戈永竟。南无大圣景天，阿利帝母白姐；南无敕封河南太子。有感灵应尊祖，保苗真人。”除此之外，在众多的白族本主庙中，

普遍供奉有子孙娘娘，为本主的配神，妇女在此祈求子嗣，俗称“送子娘娘”、“三霄圣母”。大理市满江村本主庙的对联就反映生育的内容：“主大地之好生，大生、广生，生不已；保子孙于彝世，十世、百世，世无穷。”

和其他民族一样，白族能歌善舞，因此有很多传统的民间歌舞节日，其中规模最大的是洱海边的“绕三灵”和剑川石宝山歌会。在这些节日盛会里，妇女几乎成了主角。她们成群结队，带上行装，从四乡八寨涌向会场，在山林或庙宇中尽情欢歌狂舞数日。在这种场合，年轻人可以自由地谈情说爱，年老者可以从歌舞中找回昔日的梦想。其热闹程度，被称为白族的狂欢节。

“绕三灵”又称“绕桑林”、“绕山林”。从农历四月二十三日开始，到四月二十五日结束，参加者为洱海周围远近村庄的群众，人数成千上万。第一天，以淡抹浓妆的以妇女为主的长蛇，边唱边舞，从大理古城的“佛都”崇圣寺出发，顺苍山麓“绕”到苍山五台峰下的“神都”圣源寺通宵达旦地唱歌。第二天往东“绕”到洱海边的“圣都”河涘城村本主洱河神祠，依然彻夜对歌起舞，即白族俗语“三逛南来四逛北”。第三天，沿着海边往南“绕”到崇圣寺东边的马久邑本主庙后，散伙归家。由各村组成的队伍前头是两位盛装的中年男女，他们一起手持挂有红彩和葫芦的一株杨柳枝。一人右手扶柳枝，左手甩着毛巾；另一人左手扶柳枝，右手甩着蝇帚。两人边舞边一问一答，或唱和白族调。语言幽默，动作诙谐。后面跟着一排长队，有的唱“花柳曲”（白族情歌），有的吹奏树叶，有的敲八角鼓，有的舞双飞燕，有的打霸王鞭。夜里，则在寺庙里或旷野的树林下谈情说爱。

2006年6月，“绕三灵”被国务院公布为首批中国非物质文化遗产。

绕三灵　（刘建明摄）

在离洱海一百多公里的剑川石窟所在地石宝山上，每年农历七月末三日有石宝山歌会，届时剑川的四乡八寨的白族和大理、洱源、鹤庆、云龙、兰坪、丽江的白族、傈僳族、彝族、纳西族、普米族男女老壮，个个身穿节日盛装来赶会。人们或成双成对，或三五成群在树下、山腰、涧底，如痴如醉地对唱白族山歌。到处是歌台，到处都可歌唱。伴奏的乐器十分简单，只要一把简朴的龙头三弦琴就足够了。有时也偶尔用口弦、竹笛、树叶、口哨伴奏，有时不需要任何伴奏，开口就唱。先前并不相识的男女歌手只要男方试探性地逗唱一句白族调，姑娘就会立刻用调子回答。如果二人的对唱如行云流水般地持续下去，也许两个人会不由自主地边唱边接近，最后相聚在一起，甚至互许终身。有的歌手，才智相当，唱得难分胜负，就约定来年再比输赢，第二年仍然如故，则只好握手言和。歌会上，也有一些是几年、十几年甚至是二三十年的老情人。他们年轻时曾经海誓山盟，私下结成伴侣，但因种种缘故未能结缘；多年后，他们虽已各有家室、儿女

成人，但仍然抹不掉年轻时那段刻骨铭心的爱情。如今，他们年岁已过，就不约而同地上了石宝山，在歌声中找到昔日的情人。他们的歌声尤其哀婉凄恻，催人泪下。到了农历八月初一，歌会结束，人们才相继散去。

“绕三灵”、石宝山歌会，或白族地区其他歌会都有不寻常的特点，那就是歌手们肆无忌惮地出入于山林中的寺宇，对威严的神像高声唱着情歌而习以为常，因为白族有句俗语“三斋不抵一曲”，情歌在特定场合并不视为“淫曲”，而是对神灵虔诚的祈祷。

第三节　社会交往

许烺光在《在祖先的庇荫下》一书里分析喜洲人的个性结构时说：“喜洲人都表现出对成功的强烈欲望。他们亦谈论命运，谈论宿命论，但他们仅是这一信仰有利于他们时才成为其信徒。即使他们经历了一些厄运的时候，仍然不丧失信心。”确实如此，乐天自信是白族人的本性。

《五朵金花》电影之所以一直受到观众的喜爱，与电影塑造了爱管闲事大叔和白族妇女们鲜明的性格不无关系。只有乐天者才会泼辣大方，只有满怀热情者才会多管闲事。白族人民热情好客，而且鲜明地情露于辞。对于居住在山地里的一些兄弟民族，白族往往善意地调侃他们，说客人进门时他们的嘴里吧嗒着烟袋一声不吭，“三拳打不出个屁”。虽然接下来这些山民待客少不了酽酽的烤茶、香香的核桃仁、有野味的午餐，但他们把火一般的热情蕴藏在心里。白族人的热情则溢于表、形于色，他们有说不完的心里话，一见面哇啦哇啦说个不停。周围的兄弟民族也会反唇相讥：“三个民家能够‘割’（烦）死一条老水牛！”

但白族的热情并不显得张狂，也并非虚情，他们对人对事同样很实在。比如，对待客人，即使是不速之客他们都热情款待，毫不怠慢，绝不会“嘴留客，手关门”。他们说：“即便集市上的米价贵如金子，甑子里的米饭是不值钱的，总得让客人吃饱。”他们教育子女说，对人不要取巧，要把“一颗心掏给人看”，照白族的话说，就是要“白心白肠”。

白族人能言善辩，言辞里充满睿智的幽默。有人说，幽默是人类智慧的结晶，自信的体现，是“一种优美的健康品质”、“智能上的香料”。白族人的言谈确实充满幽默，听后往往让人忍俊不禁，甚至得到哲理性的启迪。

有一则是白族民间传说。某年某草台班在白族聚居的城里公演，购票观戏者极多。开场以后演出的戏很是蹩脚，观众陆续退场，场内唯余一老翁。戏班子大为扫兴，不过仍为一位老人观众所感动，便硬着头皮照演不误。戏演结束，老人家仍自岿然不动。演员们一起簇拥着走下戏台，感谢老人知音之遇。老人说：“我留下来不是看戏，而是等诸位演戏毕借光找回我刚才丢失在场里的烟袋。”

在白族社会生活中，上门婚和打老友是结亲最为普遍的人际关系，这似乎与汉族的入赘婚和对口金兰相似，但在许多方面又都截然不同，这与白族社会结构有很大的关系。

在汉族传统社会中，入赘俗称“倒插门”。其原因正如《汉书·贾宜传》：“家富子壮，则出分家，家贫子壮，则出赘。”但白族的上门婚则与此不同，招上门女婿一般有两种情况：一是只有女儿无男儿的家庭，为延续香火或振兴门庭而招婿；二是虽然有儿有女，但对女儿尤其是幺女宠爱有加，于是招婿。上门女婿必须改为女家的姓，名字也要按女家排行重起。上门女婿的地位与亲子女相等，不受歧视，有继承家庭财产权。还有“二子归宗”的习俗，入赘者第二代的第二个孩

子有继承上门男方财产和恢复父姓的权利；如果上门女婿只有女儿，则同样要招上门女婿去归宗，依此类推。

“打老友”，白语称“加阿福加”。这种关系与汉族的“义结金兰”在方式和内涵上均有不同的特点。一是结交方式，汉族的义结金兰大多是在事业上需要结友，事前要跪拜天地、歃血盟誓；而白族打老友并不如此严肃，往往是父母辈关系密切、志同道合，遂将儿女结为老友（只能是同性之间），或年轻人之间意气相投自发相结为老友的。二是在义和情二者中，白族的“老友”更偏重于亲情关系，更富有人情味。一旦结为老友，两家就亲如一家，互相称对方父母为“老友爹”、“老友妈”，子女长大后也要结为老友，这仍然是同性相结。在生产活动、盖房，以及婚丧等大小事务上双方都有互相帮助的义务。另外，打老友与有些民族的“打老庚”也不同，老庚必须是“拜同年”，而白族老友虽然也有同年的，但更多的是只要年龄悬殊不太大就可结交。

“十月怀胎，一朝分娩”。生孩子时，白族注重“客头”。什么是客头？就是孩子生下后，头一位进家门的客人。白族认为客头与孩子的成长至关重要，孩子成人后的秉性如何完全取决于客头。因此，秉性良好的客头备受欢迎。客头的偶然性很大，而主动邀请熟人又不方便，不速之客的到来会让主人家诚惶诚恐，因此主人家往往要派人在大门口对不熟悉的来客婉言劝阻。

世界上每一个民族名字的结构都不相同，有一些有姓氏有一些没有姓氏只有名字。在历史上中国只有名字没有姓氏的少数民族也不在少数。而很多少数民族都曾实行过父子连名制的命名方式，白族也曾如此。这是一种父名与子名相连的命名制度。这种制度产生于母系氏族解体、父系氏族确立之后。父子连名制有多种，白族属于正推顺连的冠姓父子连名制。这种连名制的特征是，父名在前，子名在后，父名的一个或两个音节冠于子名前，子名的最后一个或两个音节又冠于孙名前，连名之前冠以祖姓，依此环环相扣，世代相连。最典型的如高氏谱系：高望奏—奏晟—晟君—君补—补余—余武—武邱—邱善……这种冠姓连名制，可以诵记数十甚至上百代以前的祖先，谱系传承，一目了然。就字数（因大都以汉字记录）而言，有冠姓三字名的，如大理国国王家族的段智祥、段祥兴、段兴智等；也有冠姓四字名的，如张乐进求、杨大和眉、董六万黑等。佛教盛行后，在姓和名之间普遍加佛号，如李观音得、杨大日能、董金刚寿等。这种习俗明清之际已逐渐被汉俗所同化。

到了近代，白族姓名制上的民族特征已经表现不太明显，乳名、学名、正式名都成了汉化的习俗。唯一遗存至几十年前的习俗，恐怕就是“抢名”了。据一位知名的白族学者讲述，他年轻时曾亲身经历过一次初时惊心动魄、继而幽默风趣的白族抢名习俗。

事情发生在20世纪50年代初。那时这位学者还是一个不谙世事的少年，远离洱海源头的家来到苍山脚下的一所中学就读。暑假的一天凌晨，他与二三位同学步行返家，刚走到离学校不远的大桥边，突然被从桥墩下冲出的几个大汉拦住，不容分说就将他们“押”到路边村庄里的一农户家。当他们惊魂未定时，主人家却用隆重“三道茶”给他们压惊，其中有一位文质彬彬的老者满怀歉意地解释道：“我们家新近添一女孩，特借诸位吉人福气肇锡嘉名!”并向贵客说明当地抢名纳福的旧俗。这位后来成为学者的中学生年虽幼却文学优异，对着活泼可爱的女孩取了一个吉祥动听的名字，主客皆大欢喜。从此，这位中学生就成了这个幼婴的干爹。一门偶然的无血缘的亲戚关系连续了半个世纪，直到中学生成了省城著作等身的知名教授，那个女孩也是一位年届知命的奶奶时而亲情不衰。年过古稀的老教授每谈起这桩奇遇仍然记忆犹新。

与取名习俗相关的是“寄名石”。在大理古城弘圣寺一塔附近有一

块横卧着的巨石，长 10 米，宽 6 米。石南侧阴刻双钩楷书“大泉石”3 字，右起直书“乙酉孟夏”4 字，左落款为“沈阳偏图”。很明显，这是清康熙年间的字迹。石旁有一蜿蜒曲折小路，直通苍山深处。石上或写或刻有许多人名，当地人称为“寄名石”。把姓名刻写在野外的崖石上，这是白族的一种原始信仰，大石崇拜的遗风。小孩生病或是身体不健康，白族就要给他找一个“干爹”，“拜寄”出去。这种习俗现在仍然流传于怒江的勒墨和兰坪的那马人，以及在云龙、剑川、洱源西山等山区的白族中。

第四节　服饰节俗

在日常生活中，白族还有不少衣食住行和婚丧嫁娶方面的奇异风俗。

白族尚白，以白色衣服为贵。过去，男性上身着白色密排布纽扣的对襟衣，外套黑色布领褂（或羊皮、麂皮领褂）；下身穿白色或蓝色宽大略短的裤子，打绑腿，着缀有红绒球的布编草鞋；头缠白色大包头，肩挂绣花挂包。这种着装有阳刚之气，显得英俊精悍。如今，男性白族服饰受外来影响已经发生很大的变异，趋于同化，原传统服饰仅出现在舞台的表演之中。

在乡间，多数白族妇女的服饰仍保留着鲜明的地域文化特色。其基本装束为衬衫（以白色为多）、领褂（又称坎肩，圆领，黑色或红色）和围裙（稍短），色调明快大方。发辫盘于头顶，缠以鲜红头绳（为未婚标志），前有绣花或彩色毛巾包裹，一侧垂下雪白缨穗，显得飘逸潇洒。领褂右衽处挂一串银制的“三须”、“五须”。过去妇女服饰略显宽大，如今趋于简明，追求紧身束腰，更显挺秀苗条。有的地方，妇女还戴缀满银泡、尾部上翘的“凤尾帽”，穿绣花船形鞋。山区妇女还有披白羊皮的习惯，老年妇女服饰随年纪增长日趋素雅。这种装束在古代诗文里有记载，如前面记载的明代施武诗中写到的“额尖新样姑姑帽（凤尾形帽）”。

白族妇女 （王达理摄）

白族妇女服饰上的这种风格，充分体现了大理风光潜移默化地对白族审美观念的陶冶。即苍山的巍峨和洱海的绮丽形成粗犷与秀美的对比美，因而形成了白族妇女服饰在结构、色彩和线条上鲜明的特征：浓艳得庄重，映衬得调和，醒目而大方，毫无细碎之感。而服饰上表现出来的含蓄端庄、明快大方的基本风格，正是水稻农耕民族在世界历史的早期阶段便步入了成熟期的表现。这与服饰上的烦琐、奢华、绚丽的风气不同。

“天天过节”是白族乐天性格的又一体现。如果说“一年 365 天，白族每天都有节日”，这似乎有点夸张，若加上“平均”二字则比较贴切。

由于受汉族的影响较大，凡是汉族的节日诸如春节、清明节、端

节日赛龙舟　（刘建明摄）

阳节、中元节、中秋节、冬至节等白族都完全接纳了，尽管活动内容略有差异。加上不断形成的本土节日，如三月街、“绕三灵”、火把节等，尤其是每村每寨前前后后的本主节日，算起来大大小小的白族节日有数百个，不止365个。当然，这是对整体民族而言的，并非说每个村庄天天都存在节日。

节日是一种民俗事象，大都与人们的生产生活有关。就类型而言，白族的节日一般属于综合性节日，规模大、场面热烈，这符合白族热情奔放的民族心理；其起源线路多为宗教的禳灾祛邪和水稻农耕节令的祭祀。相对而言，地域性的本主节（有的地方称本主诞辰）活动形式要单一得多，但喜庆气氛则不减。

每年农历六月二十五日是白族另一个盛大的节日“火把节”。届时，全村同竖一支高一二十米的大火把，以一棵松树为杆，上捆麦秆或竹梢，顶端插低扎的升头、大旗，中间插满梨果及出有“国泰民安”、“风调雨顺”、“五谷丰登”字样的小旗。夜幕降临，燃起火把，大家绕火把祭祀，以求吉福。同时，还到田间赛马、烧虫，十分热闹。极目望去，“万朵莲花开海市，一天星斗下人间”。

白族火把节　（杨红文摄）

丰富多彩的白族节日如同一个大舞台，把平时隐藏在生活中的习俗纷纷呈现在人们面前，是了解白族最生动的窗口。

第五节　婚丧饮食

和其他民族一样，白族将人生仪礼中的生和死称作红白喜事，婚丧嫁娶操办极为隆重。因此，白族的婚礼和丧葬，成为一种文明而富有民族特色的习俗。

白族的成亲“二椒”指的是调味品辣椒和花椒，这两种调味品在白族婚礼上扮演着奇异的角色。在迎亲进家门时，男方家要在门口放火盆撒辣椒粉，还要让新娘从火上跨过；新房里同样放置烧辣椒的火

盆，呛得人鼻涕直淌；给新娘的菜饭里，要拌上红红的辣椒和麻麻的花椒。辣，白语为“契”，谐音是“亲热”意；麻，白语为“稿”，谐音是“密切”意。二者都是夫妻恩深情厚、百年偕老、共守白头的象征。这似乎是一种恶作剧，但白族认为这样做才有和谐热烈的气氛。与此同时，还有“掐新娘”的风俗，即新娘进洞房前年轻的亲朋好友要蜂拥而上，用手掐新娘的手臂，新娘则拿出怀里早已准备好的剪刀以示威胁。这看似粗野的行为，实际上是对新娘的一种祝福。

虽然，白族的婚俗受到儒家文化的影响，但仍有着浓厚的民族特色。尽管“父母之命，媒妁之言”在一些地区仍然盛行，但不少初民的遗风仍然在婚俗中残留，比如在民间歌会上的“歌为媒”就是一个例子。有首白族民歌唱道：

翠茵茵，
隔山隔水难隔心；
有情有意不怕远，
情歌听得真。
两个山头两个调，
一唱一和就合音；
琴弦不同调相同，
姻缘是天生。

男女青年之间的情感往往就是毫无顾忌地在歌会上表达出来。

和汉民族一样，白族十分重视结婚仪礼。男女相恋并得到双方家长的认可之后，儒家婚俗中的纳采、问名、纳吉、纳证、请期、迎亲等礼仪就少不了。婚礼一般要热闹三日，即踩棚日、正喜日和吃“鱼羹”日。迎亲前一天为“踩棚”，迎亲日称“正喜”，第三天男女双方至亲（除女方父母外）要聚于男方家吃一顿“鱼羹”（由新娘亲自下厨煮鱼，一是考验新娘手艺，二是象征吉庆有余）。“踩棚”夜要在男家院子里的布棚下，围着篝火唱以“吹吹腔”或滇戏为形式的“板凳戏”（不化装，由老者坐在板凳上围着长条桌唱），有时通宵达旦。婚后三至五日“回门”，七日后要到本主庙报喜祭祀。

在过去，很多民族都有抢婚的习俗，但白族的抢婚制有其诸多特点。与“婚姻议财不谐而纠众劫女成亲”（赵翼《陔余丛考》）和“凡孀妇无子，强横者每伺其葬夫时劫之”（徐珂《清稗类钞》）不同的是，白族民间有较完整的抢婚习惯法，从而形成约定俗成的制度。这种抢婚制主要流行于大理北部的白族聚居区。旧时，男女之间一般没有离婚习俗，丈夫病故或出走的妇女不能离夫家回娘家，习俗认为“已嫁女是泼出去的水”，不能收回。

具备以下两个条件的男子都有权利抢婚：一是鳏夫，社会舆论默许其“抢”一个寡妇为妻；二是虽然规定一夫一妻制，但已有妻子不能怀孕或只生有女孩者可以“抢”一个寡妇作为第二妻子。但舆论不允许未婚男子抢婚，也不允许鳏夫抢未婚女子。抢婚前，鳏夫必须向被抢者原夫家支付一笔“身价款”。因此，无力支付身价款的鳏夫只有入赘寡妇原夫家，俗称“媳上招婿”，这种情况的婚礼费用全由原夫家承担。

抢婚有四种方式：一是“关门抢婚”式，即抢婚者请人到寡妇原夫家说亲议定身价而瞒着寡妇，这种方式大多为原夫家已有子嗣或对寡妇无好感，急于让其改嫁出门，于是就借机将寡妇诱回家，强行抢夺；一是“突然袭击”式，即寡妇及原夫家均不知情，趁寡妇在外的时机出其不意地强夺，这种方式可能会产生“无效抢婚”的后果；二是“畅通无阻”式，即双方议定身价又征得寡妇认可的“抢夺”；三是“遮人耳目”式，即抢婚者事先与寡妇暗中协商好，但说亲时遭原夫家

拒绝，强行抢婚。后两种形式只是象征性的，地点一般选择在人群多的场合如集市上，寡妇故意大喊大闹以引起外人注目，但最终还是半依半就直奔抢婚者家，抢婚成了“恪守贞节”的挡箭牌。

中华人民共和国建立后，有了《婚姻法》的保障，抢婚制已被废弃。

白族给老人送终时有“接气”的习俗。在白族看来，接住“祖先的气”，比继承祖先的财产更重要，因为这不仅意味着继承祖先的气血，而且还是继承祖先的气质和品德。老人病危时，儿女亲属要日夜守护在病榻前，出远门离家在外的亲属知道后都要立即赶回，共同为老人送终。大家轮流盘坐在老人床头，问长问短，尽量满足老人最后的要求。当老人处于弥留之际，一定要让老人靠在儿子（膝下无子就由侄子或女儿、女婿）的怀里，热热乎乎地咽气，这样才算接住气，送了终。如果没有接气送终，或外出赶不上送终，即使你平日如何孝敬老人，都被视为尽孝而没有尽终，老人会死不瞑目。这样，儿女们将会遗憾终身，认为对不起父母生养之苦、培育之恩。

近年来，移风易俗，人死后实行火化。过去，人们受儒家“身体发肤，受之父母，不敢毁伤，孝之始也”的影响，不愿火化，白族也如此。事实上，古时白族盛行火葬，现在云龙县顺荡和洱源县凤羽等地的火葬墓群，以及各地出土的大量火葬罐就是实物证据。

据元代李京的《云南志略》“诸夷风俗”条载：“（白人）人死，浴尸，束缚令坐，棺如方柜。击铜鼓送丧，以剪发为孝，哭声如歌而不哀。既焚，盛骨而葬。”为什么“焚骨而葬”，而不是“入土而安”呢？一本明代笔记小说《三迤随笔》说：“余入大理，很少见古坟墓。问之……（蒙氏）臣民死则以佛礼火化，以瓶置骨灰，以放置地室。满五百而封闭之。地室皆山野之地，外人莫知。大理国亦沿袭而藏骨灰，与僧侣同地室。盖南诏至大理国皆信佛，人之死为涅槃，信者可归极乐。即争战杀人众多者，死前悟善，死后火葬得佛经力，皆可由接引佛为其在悔悟后，魂登彼岸。人之死，若抛尸于野，多成精；葬于土者为鬼魂。魂若尸骨在土曰‘有尸舍’，有尸舍可轮回转世，周而复始再生。生、老、病、苦，永受折磨。而佛子毁在火化，永不转世。而‘无舍尸’永登极乐，去到彼岸，永不再来人间。”另一篇《大理国崇佛》说：“大理国臣民、僧侣亡故，皆以佛礼念《往生经》后火化超度。以火化者，灵魂可得接引，升达西方极乐国土，多不转世重返轮回。若以棺葬，死者灵魂因三尸故而返轮回，难以西归。”因此，当时的葬法是，人死火化，火葬用陶罐装火化骨灰，置于埋在地下的青石板围成的棺椁里，上面竖有以梵文咒语和汉字刻写的石碑石幢。

明代中期，白族依汉俗改用棺木行土葬。棺木土葬要立石砌墓，墓地一般选在村庄后面的山坡上，不占用良田。男子死后即可装殓；妇女或招的婿，死后必须等候后家的人来才能“钉棺”。入赘男子要葬于女方坟地，女的葬于男方坟地。土葬习俗在白族地区实行了四五百年，已经根深蒂固，现在推广火葬反而有阻力。

在一些民族性十分浓厚的白族村庄，现在还有吟诵《送丧调》（又称白祭文）的古风。这种以白族民歌“三七一五”组成的悼词，在灵堂前吟唱，追述吊丧者与死者的亲情或友情，以及死者的生平事迹，寄托对死者的哀思，情真意切，催人下泪。如：

冬……哈……
昨日惊悉你归阴，
今日见你成仙去，
叫我好伤心。
辛辛苦苦度光阴，
耗尽心血养老小，

到头了一生。
眼泪成河四处流，
痛断肝肠来哭你，
声声带哀愁。
送走你后少知友，
叫我日日好伤心，
烧香祭亡友。

白族人自称，在饮食中，天上走的，地上爬的，只要能吃他们无所不吃，而且花样百出。

有个笑话，白族人请外地来的朋友喝酒，说下酒的是“跳菜”。朋友莫名其妙，主人唱起儿歌：“撒拉介（蜢蚱），飞在稻丛中，捉来去除掉翅和脚，煎做下酒菜。”黄灿灿，脆生生的煎蜢蚱（跳菜）确实是胜过花生米的下酒菜。吃蜢蚱在云南很普遍，云南十八怪中，就有一怪是“蜢蚱当做下酒菜”。其实蜢蚱并非害虫，对稻田的危害没有蝗虫大。

白族菜肴大致属于川菜系，味重酸、冷、麻、辣，其中的“剁生”尤具特色。所谓“剁生”，其来久远。《马可·波罗行记》中写大理的食俗有：“他们将肉切成小块，浸在盐水中，再加入几种香料，这是为上等的人备制的。至于较贫苦的人，只是将肉剁碎后浸入大蒜汁中，然后取出来食用，味道像烹调过的一样。”元代李京《云南志略·白人风俗》亦有相似记载：“制食贵生，如猪牛鸡鱼，皆生醯之，和以蒜泥而食。”明《景泰云南图经志书·风俗·贵食生》载：“土人凡嫁娶燕会，必用诸品生肉，细剁，名曰剁生。和蒜泥食之，以此为贵。”

这种食生习俗一直延续至今，白族称“生皮”，即将猪宰杀后用稻草整只烤烧去毛，经刮洗后肉皮呈金黄色，剖腹清除内脏，割下后腿肉（包括肉皮）切成丝或片，佐以葱、蒜、辣椒油、炖梅汁等配料入食，味鲜美。但这种食法易感染寄生虫病，故已禁食。

白族不仅爱赏花，也爱食花。他们的餐桌上一年四季有不同花卉烹制的美味菜肴。

杜鹃花蚕豆米汤。大理地区虽然分布有180多种五颜六色的杜鹃花，但大多数有毒，白族群众称之为“毒花”，处置不当吃了会中毒。能够吃的是花冠大的白杜鹃花。从深山采回的白杜鹃花，除去花蕊，煮熟后在冷水中浸泡三五天，每天换一次水，漂去毒素和苦味后，即可与蚕豆米、火腿丁一起或炒吃、或煮汤，鲜美可口。剑川石宝山海云居僧尼撰写的《杜鹃花食谱》中就有这道菜，而且多达10多个品种，据说从明朝流传至今已有几百年历史。

炒芋花。芋花是天南星科草本植物，作为一年生栽培农作物又名蹲鸱，其地下球茎俗称芋艿、芋头，可食，芋花即芋艿的花。在大理，芋花很有名，明代白族学者李元阳曾将芋花入诗，有七言绝句《芋花》诗：“黄蕤赤茎紫粉香，蹲鸱吐箭三尺虽。赞公三百六十颗，何似苍山一种良。”本来芋花是一种治胃痛和止吐血的良方，但却成了白族餐桌上的佳肴。和白杜鹃花一样，烹调不好会有难以下咽的麻味，因此花蕊和花粉要除尽，择成段，加酸麻配料煮透，食之别有风味。

金雀花炒鸡蛋。金雀花为豆科锦鸡属落叶灌木，高数尺，丛生，枝条细长垂软；托叶常为三叉，有柔刺；花生叶腋，4～5月开花，瓣端稍尖，旁分两瓣，势如飞雀，色金黄，故名“金雀花”。同属植物约50余种，中国产40余种。在大理地区，金雀花树除作观赏植物外，其花可食。将刚采下来的金雀花洗净后，或与鸡蛋、腊肉、火腿、鲜肉等爆炒，或与肉片、豆腐一起煮成三鲜汤。这不仅是香甜可口的美食，而且还是明目的药膳，故民间有“吃了金雀花，眼睛不眨巴”的说法。

爆炒石榴花。白族庭院喜栽一两棵甜石榴树，夏初满枝繁花似锦，

一片绯红，有部分花蕾掉落地下，趁鲜捡回煮熟后去蕊漂洗除涩，即可用腊肉爆炒，这也是一道药膳。

除以上这些花外，桑葚花、苦刺花、棠梨花、荷花、菊花等均可入食。

明初流寓大理的日本诗僧天祥曾写过一首《卖雪词》：

双龙关（指苍山南北两头的龙首关和龙尾关）里百花香，银海（指洱海）逶迤抱点苍。六月街头叫卖雪，行人错认是琼浆。

什么是“叫卖雪”呢？原诗注中有：“大理苍山雪六月不化，市上卖之，犹吴下之卖冰也。”过去，没有冰棍、冰激凌之类的冷饮，而四季如春大理点苍山上却有“经夏不消的”的积雪。于是，富有智慧的白族人就从山上取来冰清玉洁的积雪，和上糖汁和酸梅汁等调料在集市上叫卖。杨升庵亦有《渔家傲·月节词》描写：

五月滇南（指大理）烟景别，清凉国里无烦热。双鹤桥（大理古城南桥）边人卖雪，冰碗啜，调梅点密和琼屑。

白族种茶历史悠久，饮茶习惯较早形成，嗜饮烤茶，即泡茶之前要用小陶罐将茶叶烤成金黄色。待客用“三道茶”，即头道为纯烤茶，二道用茶水泡烤乳扇丝、砂糖、核桃仁片等配料，三道在茶水中加蜂蜜花椒。三道茶逐次敬给客人品用，礼仪庄重，俗称“三道茶”。三道茶象征“一苦二甜三回味”的人生哲理，有着浓郁的文化内涵，给人们留下了很深的印象。这种饮食文化，反映出一种道德、一种礼节、一种哲理。

大理古城夜景 （张申生摄）

平坝白族以稻米为主食，兼食小麦面粉；山区白族则以玉米、荞麦为主食。一般日食三餐，中餐较简便，称“尼等”（意即白天的点心）。肉食以猪、羊、鱼肉为主。

在隆重场合，白族宴客用“土八碗”。餐桌用八仙桌，即以8人一席的土漆桌。宴席开始摆“三滴水”（水果、瓜子之类），继后的菜肴有8个，俗称“土八碗”。八碗通常有红肉大炖、酥肉、千张、粉蒸肉、干香（凉拌菜）、煮白扁豆、杂碎汤和煮竹笋。与土八碗相关的习俗有：第一，嚼槟榔。过去每位客人面前都要摆放一小包槟榔粉，供饭后咀嚼。槟榔有健胃消食除腻洁齿的功效。第二，开席。红白喜事待客，第一轮必先由村中德高望重的老者在唢呐鼓乐中入席。开席后，待客才开始。第三，“偷”碗。在年龄九旬以上老人的丧葬宴席上，所用土碗都被客人悄悄带回家，主人很乐意客人这样做，因为这种场合的土碗被视为吉祥物。第四，带菜。土八碗的主菜（指荤菜）一般都有定数，每位客人可分到两块，而垫底素菜可多次加添。每位客人面

前都备有菜叶或纸片（如今用食品袋），分到的肉可以打包“吃不完兜着走”，俗称“把喜气和福气带回家”。土八碗是白族传统美德的体现：首先，体现了节俭原则。土八碗数量适中，就地取料，如豆腐、木耳、青菜、竹笋、白扁豆和猪肉，大多是当地特产。八碗中荤菜的原料几乎囊括猪的可食部分，加上带菜习俗，少有浪费。其次，土八碗搭配合理，肥而不腻，素而不淡，烹调方式多样，还体现了白族重酸辣的口味。最后，食器一般用本地产的土碗、红竹筷等，很少用高级瓷器，但八仙桌土漆雕花光亮，菜肴的色香味俱全，加上热烈的气氛，不显粗糙和简陋。

制作三道茶　（高志强摄）

第五章

白语白文

语言是一个民族的主要特征，是维护和巩固民族文化独立保存的重要保障。生活在云南境内的白族一般都操白语。20世纪50年代中期，国内民族识别的标准主要是共同语言。20世纪30年代，英国人费茨杰罗德在《五华楼》里说："在大理，如果一个人说民家（白族）话，他就算民家族；否则，他便是汉族。"但用这种标准来认定一个人的族属未免草率，比如生活在云南省外湖南的"民家佬"和贵州的"七姓民"，因说当地周边民族的方言而长期未被划为白族。对此，1991年，日本学者横山广子在大理城内调查了一位70岁的老人，他的祖上是从不远的洱海边没有汉族的白族村庄搬来城里汉族聚居区住的，他已经不会说白语。对于他的族属，横山认为："在旧社会，白族和汉族的界限不是很清楚的。"因为白语里很多汉借词，就像白族族源一样，白语是不是一种独立语言也受到一些语言学者的质疑，他们说"白语是汉语的一种方言变体"。但多数学者则肯定，从语音、组词方式，更重要的是语法结构考查，白语是一种独立的语言。至于是否存在古白文，在学术界争议较大。

第一节　源远流长

那么，白语是什么样的一种语言呢?

1984年出版的《白语简志》将白语归入汉藏语系缅语族彝语支。白语分剑川、大理、碧江三个方言区。剑川方言又称北部方言，它与其他两个区的方言差别较大。白语元音分松紧，没有带辅音韵尾的韵母。中、北两个方言区有鼻化元音。三个方言都有双唇、唇齿、舌尖、舌面、舌根五组20～23个辅音，怒江方言辅音多达35个。因为方言不同，白语有6～8个声调。人称代词和指示代词用元音交替和声调转换的手段，表示数和格的范畴。量词位置都在被修饰的名词之后。尽管白语与汉语是亲属语，有不少共性，比如句子成分均有“主—谓—宾”形式，但白语的特点仍然十分明显。

虽然白族与汉族交往接触多，白语与汉语容易沟通，但毕竟还是两种语言，差别仍然较大。白族说起汉语拗口，汉族听起来也别扭。白族有一本据说是从白文古籍翻译过来的汉文《白国因由》，其中就有白语结构的句子，如“彼云‘我们自做自食，化人的没有’”，“老人曰‘你们杀我不好，成你们身上罪过’”，等等。因此，20世纪40年代，一位商号在国内开到武汉和上海、国外开到印度加尔各答，富甲一方的白族资本家曾感叹道：“我们吃抵人，穿抵人，就是说话不抵人。”这里他说的“说话”，显然是指他年轻发家后才学会的汉话，因此只能认为他说汉话不流畅（不抵人），不然他说白族话赶不上人，那怎么做生意呢?

在《人口素质》一节中曾提到，白族乡间汉文传统教育一向很深厚，过去私塾遍布，学究辈出，农民子弟精通儒家经典，这给外地人留下了深刻的印象。奇怪的是塾师说起汉语的水平并非熟练，他们精于汉文而疏于汉语，却成了后辈接受汉文典籍的引路人。

《白语简志》中写道："白族在千百年的文化发展过程中，曾不断地吸收先进的汉文化丰富发展本民族的文化。白语不只从汉语里吸收借词来表达本民族语言中所没有的概念，甚至有的可以用本民族语言直接表达概念，白语也往往吸收汉语借词来和本族语词更替使用。"《白语词典》进一步说："现在白语中的汉语借词已占总词汇的60%以上。例如，现在其他兄弟民族语言还几乎完全以固有语词表达人体各部分器官的名称，白族却已经大部分用汉语借词表达。"

白语从汉语吸收的借词，只有极少数的一部分是采用半借半译的方式，绝大部分则采用全部音译。

白语中的汉语借词相当复杂，不同时期借入了不同的词，形成同一个汉语词有不同时期借词的现象。而且这些重复借入白语的汉语词还产生了语法搭配上的差异。较早时期的汉语借词还有古汉语的读音，如"箸"（筷子）、"袴"（裤子）、"盅"（杯子）、"顶"（头），但必须加单数的量词作为后缀，其中发音部位还保持古音，如"江"、"湖"、"河"的声母全保留"g"音。在白语中，人体部分各器官的读音，大大超过了本族语词。与此同时，还有很多和汉语类似的词汇有可能是同源词。因此，有很多语言学家则认为原来的汉借词实际上是汉白同源词。

第二节　似汉非汉

《蛮书》有一段记载南诏军事制度的文字："每岁十一、十二月，农事既毕，兵曹长行文书境内诸城邑村谷，各依四军，集人试枪剑甲胄腰刀，悉须犀利，一事阙即有罪。"我们要问：这里所说的"行文书"究竟用何文字？除了汉文外，至今还没发现南诏时使用其他的文字。现存最著名的碑《南诏德化碑》不仅用汉文写，而且典雅到了极

致，南诏王异牟寻与唐使苍山会盟时的誓文也是用汉文各写三份，分别藏于神室、西洱河和内府库，而没有用两方文字各写两份的外交文书惯例。这说明南诏大理国通行文字是汉文。

元初，昆明筇竹寺有一块《大元洪镜雄辨法师大寂塔铭》说，法师在昆明“以僰人之言为书”讲经，而且“其书盛传，解者益众”。明万历年间，云南省左参政（相当于副省长）谢肇淛说：“（僰文）皆臆创之文字，传其蛮鸠之方音，学士大夫鲜能通之，询之闾里耆民，千百不一二谙也。”

然而，这种“臆创”之文字似乎谁也未曾见识过。那么在民间是否还有一种“臆创之文字”留传呢?

20 世纪 40 年代，武昌华中大学西迁大理喜洲，这里的圣源寺里有一块被人称为“词记山花”的明碑引起了文史学者的注意。碑上这种似汉字非汉字的符号令人莫测，后来学者们说它“不通白语者读之略能领会，而不能悉晓”，请教当地一些老农，他们能读之喃喃上口，意思则使汉族教授们云里雾里。原来，这是明景泰年间白族民间隐士杨黼用“白文”山花体写成的长诗，诗的内容分两部分：前一部分描写苍山洱海美景，后一部分抒发作者“一切皆空”的人生感慨。全诗以似汉字非汉字的方块符号写成，用白语念诵，韵律整齐，音调铿锵。《山花碑》首次将传说中的“白文”直观地呈现在世人面前，引起轰动，是“白文”史上的里程碑。

在《山花碑》的启示下，不久人们又在不同场合发现了“白文”的踪迹，一是在大理国时期佛经写本的旁注中偶尔出现一些“白文”符号，二是在元明时期遗留下来的碑刻中找到多块白文碑。除此之外，还有更多流散在民间艺人手中而长期被人们忽视的白话祭文和大本曲唱本。在这些文献中，可以见到一种被称为“白文”的似汉字非汉字的文字。

碑刻中最早的是刻于元至正三十年《段信苴宝摩崖碑》（即明洪武前三年，公元1370年），因碑文开头一句为“大元国奉训大夫都元帅段信苴宝我立记”，一般认为立碑者是元代大理段氏第十一代总管段宝。碑立于洱源县邓川镇新州西面约10公里的西山石窦香泉，碑文内容是记述捐田建寺的经过，所以又称“舍田碑”。这块碑碑文的新奇字只有两个“渃”、“埜”。引用汉文成语又占了一大半，但文体完全保存白族古代的民间语言结构，按汉字的意思读，无法完全理解它的内容，显然是块“白文碑”。

类似出土的碑还有喜洲宏圭山上的《故善士杨宗墓碑》、《故善士赵公墓碑》和《处士杨公同室李氏寿藏》。其中最为典型的是刻于明代成化十七年（公元1487年）涉及墓主家事迹的《处士杨公同室李氏寿藏》碑阴上的《山花一韵》和杨黼的《山花碑》。

《山花一韵》的碑文是：

原是欢喜帝子孙，
曾做白王摩曩番。
后成神明叭居则，
威势提是若。
恩泽重跳山河重，
灵感高列乾坤高。
阿居客陪更立石，
传与后代看。

翻译成汉语是：

原是欢喜帝子孙，
曾做白王慕览官（官职名）。
后成神明到京城，
威势上了天。
神明恩泽山河重，
神明灵感比天高。
一并立碑更作曲，
传与后代看。

这首诗歌，不会白语但懂汉字的人可以即所谓“不通白语者读之略能领会，而不能悉晓”。

这种“白文”大同小异，即“利用汉字或增损汉字笔画的方法记录白语”，“这种文字十有八九借用汉字，新奇字不过事十分之一二。在语法上，则与汉字不同，不过是借用汉字来记他们的口语罢了”。其实，这种“白文”的造字方法仍有其规律可循，大体上是：一是音读汉字，利用汉字的音，表达白语的义；二是训读汉字，按汉字的意思，读白语的音；三是自造新字，参照汉字的结构体系自造新字，裁拆重组符号，半体表音，半体表意；四是纯借汉字，直接借用汉字的音、形、义，读白族所操汉语的方言音。这四种方法中，自造字不多，最常见者以“圈白点汉”或“点汉不点白”的圈点符号来区分训读和音读。这种文字在唐宋之际中国周边一些汉文化圈的国家和民族的文字有相似之处。

第三节　“路在何方”

虽然，学术界已经承认，在南诏大理国时汉文一直是境内通用的官方文字，但“白文”在民间一定范围内通行也是事实。不过，由于种种原因，“白文”一直缺乏统一规范，没有公认的符号，很难在整个民族中传播和推广，所以学术界认为白文不过是一种通晓汉文的白族人创造的、用来记录汉字和表达白族语言的工具，只是在汉字的基础上略加变通或增减笔画，系统性和规律性都缺乏严密的科学论证，还不是严格意义上的文字。近年来，有些语言学者试图研制一种能够通用的白族文字。

一是采用拉丁字母的“白文方案”是最早也是很普遍的设想。20世纪80年代，在官方和民间组织的互动下，大理白族自治州聘请专家修订了1958年制订的《白文方案》（拉丁字母），在白族人口占全县91%以上的剑川县试验推广，取得一定的成效。

二是方块新方案的酝酿。由于对拉丁符号的不习惯以及白族方言的差异造成推广有一定的难度，有的学者试图走古白文方块字的路子，研制一套符合熟悉汉字的白族人的新方案，庶几可行。

不过，随着社会的发展，人们交往的范围日趋扩大和多元化，重新研制一套白语方案的设想，日益困难。

第六章

诸教共存

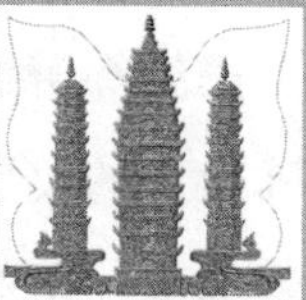

过去有人认为，白族的宗教具有多元和多源的特点。这种说法有一定的道理，但未免过于笼统，而对于宗教文化的整合则极少涉及。从文化变迁的方式看，传播是一个选择的过程，既接受外来文化适应自己的特质，但也排斥不适应的特质。文化的借取必然有一个融合和相适应的整合过程。

因此，文明较早的白族善于吸收和改造外来的文化，为我所用，任何宗教被他们拿来之后，就强烈地显示了宗教世俗化的特征，有的甚至已经与原来宗教的教义相差甚远。

早在南诏前期，巫教、道教和佛教已在大理地区盛行；后来，儒、释、道的三教合一很自然地在白族地区流行并曾盛极一时，他们在世代繁衍生息的村庄里修建起“三教宫”，在大殿里供奉孔夫子、关云长、观音老爹、玉皇大帝、财神等偶像。

诚然，多教并容是白族社会的实际。然而，自古及今，被全民族所崇奉、所信仰、影响最深远的仍然是白族固有的“本主”。它极和谐地将原始宗教、儒释道等宗教的因子吸附融合其中，是白族传统文化的集大成者，这与白族的宗教观有着密切的关系。

第一节 先民崇拜

对神秘的超自然力量的崇拜，是原始信仰的普遍形式，世界上不少民族都曾有过泛神崇拜，白族概莫能外。白族学者认为："白族是泛神崇拜的民族，天地日月，风雨电雷，山川湖泊，水火木石，不论有生无生，都是有神灵的，而这些神灵与人在生产生活上的吉凶祸福、生死存亡、成功失败、富贵贫贱都有关联。"万物有灵的观念在白族宗教生活中至今还有一些遗留，尤其是在本主崇拜中，如苍山沧浪峰麓喜洲阁洞塝村的本主就是太阳神"镇灵邦家福佑景帝"。传说远古时代因为天狼咬住太阳不放，沧浪峰一带竟日云雾缭绕，庄稼有种无收，百姓生活难以为继。村里有个叫阿光的年轻人，决心到炎帝面前告状。历经千辛万苦，阿光终于胜诉。炎帝亲临点苍山张弓射落恶狼，让太阳重光。从此，村民们就把太阳奉为本主。每年"绕三灵"会上，人们要在两个太阳穴上各贴一个小圆形纸图案，俗称"太阳膏"，据说是日神崇拜的遗风。石头崇拜在大理白族地区更为普遍，如洱海边周城的"支锅石"、磻溪的"分河石"、石岭村的"石佛"、太和村的"美人石"等，还有云龙石门的"拜寄石"和前面提到过的苍山龙泉峰下的"寄名石"等。

和汉族一样，白族也有龙崇拜。但是，与汉族将龙当作神圣威严的象征不同，白族的龙具有很强的世俗性。白族神话中有善龙，也有邪龙，比如在《大黑龙和小黄龙》的传说故事中，大黑龙是作恶多端的邪龙，它兴风作浪，使民不聊生，小黄龙则是未婚浣衣女吃了一颗绿桃后产下的孩子，活泼可爱，长大后变成黄龙，舍身斗败了大黑邪龙，为民除了害，是善龙。

鬼是白族原始宗教中最为普遍的一个概念。但严格说来，将白族

的这一概念译成“鬼”并不准确，它应该是介乎于“灵”与“神”之间的一个幽灵，不是活人的灵魂，也不是“超自然中的最高者”。它是游离于人间的看不见摸不着，但与人须臾不离的一个群体，白族称之为“之”或“日”(与神声相近)。

白族支系勒墨人认为，人间遍地是鬼，只是看不见而已，碰着它就倒霉。鬼有大大小小五六十种，人斗不过鬼，只能祈祷祭祀。因而，过去勒墨人一直在怕鬼、防鬼、祭鬼中战战栗栗地过日子。

处于最高位置的“鬼”是“天鬼”，也称“天神”，即高处之灵物，简称“高处鬼”。对“天鬼”要按时祭祀，祭祀有祭坛。至今，在白族地区还有遍布各地的祭天台遗址，即天堂。天堂叫法各地不一，如拜天处、天鬼坛、祭天山、接天阜等。在本主庙的大殿前一般都设有用石砌的圆形祭天台，中间种植一株柏树。勒墨人的祭天台意称“活牛祭”，因为他们祭天神用的是活牛，祭台旁有祭树、祭架、拴牛桩。祭祀时，要请村里的“哈翁益”（巫师）将祭祀的牛用锤敲死，其肉作为给天神的祭品。

“跳鬼”就是驱鬼，把害人的鬼赶走。由谁来赶呢？是巫师，原始宗教活动里的核心人物，白族称“舍子”。对此，英国人费茨杰罗德也注意到了，他说：“‘舍子’做的仪式名为‘跳鬼’，非常清楚地表明了他的目的，即把恶魔从病人身体里驱逐出去。”

白族的巫师也叫“朵兮薄”，写成汉字是“希老”或“耆老”，抑或“神汉”，白语男的称“舍子”，女的称“舍囡”。在古代，巫师的地位很高，《南中志》说他们“桀黠能言议屈服种人”、“议论好譬喻物”，即是能言善辩的人。也就是说，他们凶悍狡黠、举一反三，能言会道，因此服人，所以能够成为部落主。巫师的职能：一是鬼神与人的沟通者，白族俗语说“朵兮薄是本主的马”，意思是朵兮薄把本主的意图传给凡人；二是神圣祭坛的主持者，有“祭司”的职能，比如祭天神时锤牛非巫师不可；三是文化传统的继承人和嬗递者；四是能做到祈神驱鬼，神药两解。在部落中，他们又是领袖或参谋者，如传说中张敬就是苍洱罗刹国的“希老”。

到了后来，白族巫教逐渐发生演变，发展成星、卜、医、相，无所不包的宗教，渗透到社会生活的每个角落。上刀山、跨火海、咬烧红的铁犁、下油锅等，巫术神奇，层出不穷。后来，朵兮薄不再是当初那样驱鬼避邪的保护人了，他们的活动发生了质的改变。平时，他们“过着与邻居一样的农民生活，有土地，耕地做田，只在特殊场合被请去做法事”。他们还施行一些与原来目的相悖的法术，如“养鬼放鬼”、“打魂压魄”、“压名暗害”等。民众因此从敬仰变成畏惧，凡事都让三分，避而远之。

为了对巫教加强管理，明朝曾在大理府和太和（大理）县的政权中分别设置“朵兮薄道纪司”和“朵兮薄道会司”。

居住在澜沧江边的白族支系那马人中，至今还保留着白族先民的灵魂观。那马人认为，每个人除有“肉体的我”外，还有“精神的灵魂”。灵魂有三个：一是主魂“攀买”，附在人的精神上；另外两个是次魂“机齿”和“依欧”，附在肉体上。灵魂只与“我”起作用，与别人无关。人一旦遭遇惊恐，其中相关的某个魂就逃离人体。有时，灵魂会被恶人或仇人抢去。魂离身，人就会萎靡不振。当三个灵魂离开人体，生命就结束了。失魂时要招魂，否则就会生病，甚至死亡。

招魂要举行喊魂仪式，念招魂词：“涛认、闷认（门神）、打佐（火塘神）、枯姆山纸（本主神）；某某是你们灶下的栖鸡，床下的卧狗。他丢魂失魄、神情恍惚。请求你们莫遮莫挡，帮他找回失去的魂。攀买啊，回来！爹妈想你，弟妹盼你，身莫颤抖，心莫惊慌。家里煮好了米饭，炖好了肥鸡，斟好了美酒，回来，回来!”

人死了，灵魂要找归宿。那马人还认为，归宿有两级：低级叫

“木容丁”，高级叫“傲宗丁”。这不同于其他宗教的“天堂”和“地狱”，进不了两级归宿的就成了无家可归、饥寒交迫的野鬼，不能转世托生。木容丁是不完整的初级境界，巫师对亡灵解释说：

“你将到青水牛、黄水牛耕耘的地方去，你将到白黄牛、黑黄牛放牧的地方去。那里会听不到乌鸦聒噪、鸟雀欢唱。在那里不干活也能吃饱饭，那是古树茂密、鲜花盛开的世界，那是天地相接、蜂窝垂挂的家园。”

最高级的归宿是傲宗丁，是历代祖宗聚集的福地，幸运的亡灵就会在这里与先辈们团聚。为了鼓励亡灵努力修持进入傲宗丁，巫师也念相关的送魂词：

> 本音某氏门中三代祖先：今日，你的子孙某某要渡“够姆海”、跨白云箐，翻九十九个垭口，恭请他免受苦难，平安抵达你们居住的傲宗丁。
>
> 某某，你咽气时我指路。你面前有三潭水，要喝中间那潭水；你面前有三条路，上边有虎、下边有豹，上边有刺、下边有箭，你要走中间那条。走吧，傲宗丁的门已经敞开，不要触犯天地神灵，不要触犯五谷杂粮。踏坡莫让坡崩塌，踩地莫让地陷落。望乡台上望一望，从今一别你莫回。

念毕送魂词，巫师就将事先准备好的一点茶叶、七粒大米和一小块碎银喂给死者，以示进入灵魂归宿的盘缠。

第二节　本主信仰

白族汲取外来宗教的态度，是有选择性的。这里有一个案例，据说西方传教士在云南怒江傈僳族中传播基督教很有成效。但他们在周围的白族勒墨人中布教，却碰了大钉子。为了证实传教士“人死了要上天堂”的说教，一位勒墨老人领着传教士打开一座坟墓一看，尸体还在。于是，他们认为传教士是在说谎、骗人，从此坚决不信基督教了。这个结果，使在此使教的传教士们百思不得其解。其实，早在20世纪30年代《五华楼》的作者费茨杰罗德就发现其中的奥妙，他在书中写道：白族“对基督教无动于衷”，“他们对神学及抽象的思想毫无兴趣。他们从不因为信仰相悖而苦恼。他们不像西方人那么渴求宗教的确定性及权威性”。他还写道：“基督教和天主教的传教士们发觉，白族是十分执拗的。他们在大理修建教堂后，将近七十年过去了，皈依的教徒还不到一百人。”确实如此，在新中国成立前尽管西方传教士费尽移山之力，西方宗教仍然未能在白族社会中立足。

白族本主中的猪年神像　（刘朔摄）

这并不说明白族人没有宗教热情。白族，尤其是妇女，在一些传统节日里要穿上盛装，臂上缠上红布条，背上香囊，三五成群地去赶会。一路上，她们“见庙就进，见佛就拜”，不问是佛寺还是道观，也不问是山神庙还是指路神石，她们都要进香跪拜，十分虔诚。总之，她们认为唯神是灵，祈求的是现世的平安。这种现象，曾引起人类学

者的浓厚兴趣。

苍山下的崇圣寺 （刘朔摄）

在白族乡村中，最引人注目的是“奶奶会”。为什么有这样的会名呢？因为奶奶会的成员中只有唯一一位的男性，其余全是清一色的中老年妇女。过去大多数农村妇女都识字不多，在奶奶会举行活动时要有能记账会写字的人主持类似现在的秘书工作，于是就在村里聘请一位知书识礼又办事公道的年老男人当“经头”。

奶奶会最文雅的名字是“莲池会”，这似乎是信佛的群众团体，其实仍然是一个泛神的现世的妇女自发性组织。这是一个松散的互相没有隶属的宗教团体，它没有明文的宗教戒律，但十分讲究内部的次序排列。排在最高的是“岛桔嫫”，即大经母，她入会最早资格最老，熟悉经文和礼仪，且热心公益事业，有号召力和威望，除嗓音好能领唱外，她还能合节拍地敲击象征地位的乐器小镲或小鼓芒锣，指挥诵经。排在大经母后的“结嫫”（经母）多达十几人，他们的职责是协助大经母处理会内的日常事务。莲池会的活动是主持村中的祭祀，除了每月的初一、十五两天的例行活动外，还有定期的玉皇会、文昌会、观音会、关圣会、城隍会、盂兰会、放生会、太阳会等。祭祀时，会员们手敲木鱼，排在经堂两边或在场地上围成圈跪拜，由大经母或经母敲打小镲、点击鼓锣率领大家“随经”，声音合拍悠扬。经文句式是白族的三七一五格式的“山花诗体”。有些短小通俗，贴近生活，如《豆经》、《鸡经》、《牛经》、《五谷经》，如《豆经》中有“五谷敬了保平安，剥了皮、煮豆汤”；有些经名庞杂而且费解，如《拜寿经》、《烧香经》、《十二大愿经》、《祖先经》、《造船经》、《十报经》，《十二大愿经》中有“他要恶来随他恶，遇着鬼神不肯依，万般都是行善好，后来自有出头期”，这好懂，但如“人你南，南你人”之类就听不懂了。

莲池会实际是白族妇女娱神娱人的世俗活动，是她们乐天意识的体现。

本主神像　（徐冶摄）

本主崇拜是白族全民信奉的特有宗教。这种特有的信仰极和谐地将原始宗教以及儒释道等宗教的因子吸收融合其中，成为白族传统文化的集大成者。它渗透在白族社会生活的方方面面，包含哲学、伦理道德、文学艺术等意识形态。

“本主”即白族甲马子上所书的“本境土主”、“本境恩主”、“本境福主”的缩写，大意是一个村落或某一地域的保护神，是本地域最尊贵的人（神）。白族认为，本主能保佑他们“为士者程高万里，为农者粟积千种，为工者巧著百般，为商者交通四海”。一般说来，一个白族村庄奉祀一尊本主，也有一个村有两尊以上本主，或几个村共祀一尊本主的。个别没有本主的村子，则被讥为“没主营”。几乎每个村庄都建有本主庙，庙内供奉檀香木雕的或泥塑、石雕的本主偶像。各村所祀的神祇都不尽相同，每年都有定期祭祀的本主诞辰日。本主信仰所崇敬的神祇十分庞大，有自然崇拜物，如石头、树桩、猴子、山神、日神、牛、龙王等；有英雄人物，如段赤诚、杜朝选、柏节夫人、段宗榜等；有南诏大理国国主和大臣，如阁罗凤、异牟寻、赵善政、杨干贞、段思平、郑回等；有的是历史上征服大理的中原王朝的将领，如李宓、忽必烈、傅友德、蓝玉、沐英、李定国等；还有少数是孝子、节妇、佛教大黑天神和观音。他们有的是保护渔猎、农业、畜牧业之神，有的是生育、儿童保健等医药之神，甚至还有战争之神，囊括了社会生活各个方面的神祇。而且这些被人们崇敬的人，只有在死后才能成为本主。总之，被奉为本主者，大都是有功有德于民的，即“以死勤事者祀之，以劳定国者则祀之，能御大灾则祀之，能捍大患则祀之”。庙内所供奉的神祇有主配之分，如大理市太和村本主庙内的七堂神，本主神左侧为配神伽蓝神。除此之外，本主庙内还供奉本主的父母、妻妾、子孙、侍从卫士、三霄圣母（子孙娘娘、卫房圣母、送子娘娘）、六畜大王、财神、判官等，都是配神。类似的例子，还有大理喜洲的“九坛神”、仁里邑的“三堂庙”等。一个庙内所奉的神祇，有的多达八十多个，而各村本主庙内的主神亦不相同。

白族相信，只要不做坏事，不论走到哪里，本主都会庇护他们，给他们带来好运。在本主神像前，信徒们念“本主经”，其中有祈求本主的颂词："男的活到一百岁，女的活到九十三；年年有个十二月，月月保平安。"本主庙里有许多楹联匾额，上面常有"威"、"灵"、"神"、"恩"这样的字眼，如："神恩施善念，惠泽保百姓；地利载群生，威灵镇五台。"匾额是"恩荫四方"。这体现了白族的宗教意识，即祈求本主能够树立有效的权威（像帝王般），构建安定的社会秩序，保护百姓过上幸福的生活。

每个本主都有特定的节日，有人说是本主的诞辰。事实上，许多本主无所谓生日，一年一度的本主节是白族群众对本主的大祭祀活动，一般都是春秋两季农闲时间，三五日不等。届时，村民们要用轿子、木车将本主全家从本主庙迎出，到本主辖区各村巡视一周，前随后拥，凤辇龙舆，唢呐高奏，锣鼓喧天，沿途各家都要备供品香火祭祀，俨然皇帝出巡。村里还要耍龙耍狮、表演田家乐、唱大本曲和吹吹腔，热闹非凡。平时，各家有大灾小难，或者生老病死、婚配嫁娶、考上学校、出远门前或者远行归来，都要到本主庙敬祭，邀亲友聚餐，用鸡骨卜吉凶，借以祈求本主保护。

迎接本主 （廖文英摄）

究竟有多少来历不同的本主，这是难以统计的数字。据学者徐嘉

瑞先生20世纪40年代在大理调查："大理（指明清时太和县境）现存之本主庙，若稽来源，皆历史甚古，今大理之七十一村中，几乎各有本主庙。……现存本主庙之神祇，共有六十神，其中女神有二十一，男神三十九，加最高之神，则为六十一，又加最高神后，则为六十二。最高神所居之庙，曰神都，在七十余村中，几每村皆奉一本主。"

本主神号，亦称封号，不下数百种，大致归纳起来，以称皇帝、景帝、灵帝、天帝、帝、大圣、天神、龙神、山神、龙王者居多。

在白族群众心目中，本主是神又是人，与人同形同性。这里所谓的神，与宗教意义上的神，即"敬而远之"的"神"不尽相同。它们具有令人敬畏的超自然力的威严性，也有令人可敬可爱的亲切感。本主都有七情六欲，它们和凡人一般，可以谈情说爱，甚至男女可以私通；可以娶妻生儿育女。它们和常人一样具有不同的性格，如有的温顺，有的暴躁，甚至连饮食习惯也各不相同。但在保护辖民这一点上，它们都很尽职尽责。比如洱海西岸丰呈庄的本主是女性，她与龙龛村的男本主有暧昧关系，因此，两座相邻本主庙相向的南北墙只修了半截，以便他俩经常幽会。大理市上作邑村本主的绰号叫"铁捆将军"，因为他平时骄傲自大，自封"三百神王"，后来被真正的"五百神王"诱骗，接受了一条布带，布带顷刻变为铁链，捆住了他的手臂，他只好狼狈地逃回自己的庙里，从此不敢自吹自擂了。有的本主不吃鱼；有的本主不吃鸡蛋，不吃羊肉；有的本主怕连累群众不让供丰盛的食品；有些本主故事完全是对本主的调侃，对此，大家都习以为常。如鹤庆县城郊小较场村的本主是女的，叫白姐，相传她与附近的本主东山将军经常私通。有一次东山将军在她那里睡过了头，慌乱中错穿了白姐的一只绣花鞋。至今白姐和东山将军的塑像都是各穿一只不相同的鞋。相传洱源西山一个农民，因妻子生病请巫师，巫师说要杀牛祭本主才能免灾。农民舍不得杀牛，就将牛拴在本主的木雕像上祭祀。

半夜里牛饿急了，拖着本主跑回来。农民一见，急忙扶起本主，不安地说："本主老爷，您不忍心吃小民的牛，托个信让我自己牵回来就行了，怎劳您亲自送回来!"

英雄崇拜在本主信仰中占有重要的地位。本主故事中许多传说，可以说是英雄的赞歌。这些英雄人物是活生生的、有血有肉的凡胎俗子，而且出身低微，有的是樵夫，有的是猎人。他们除暴安良，为民排忧解难，并没有什么异术，而是靠勇敢和智慧，甚至还得搭上自己的性命。这些故事中最著名的当推段赤诚和村朝选除蟒求民的故事，他们既是本主故事，也是风物传说。相传苍山麓有一条巨蟒专吃人畜，人民深受其害。绿桃村有个女子，吃了河中漂下的一颗绿桃就怀上了一个男孩，这个男孩叫段赤诚。他长大后身扎利刃、手持双剑同巨蟒搏斗，被蟒蛇吞入腹中，最后蟒死人亡。人们纪念他的功绩，用蟒蛇骨灰垩了塔身，这个塔就是下关附近的"蛇骨塔"，当然他也成了附近一个村子的本主。

祭本主的白族妇女　（徐晋燕摄）

第三节　佛教涌入

佛教是白族地区的外来宗教，有直接从天竺梵僧由西路传入的，也有从四川等内地由东路传来的。最终广泛流传在白族地区，为南诏大理国统治者所信奉和推行，根深蒂固地发展为全民宗教，盛极一时。

过去，大理的名称很多，“妙香古国”就是其中最常见的美称。为什么前人要称大理为“妙香国”呢？佛教认为，“香为佛使”，“香为信心之使”；佛土上，香可启迪身心，治疗疾病，度化众生到极其遥远的东方极乐世界。在这个世界里，一切都由香构成：楼阁、道路，香所作；土地、园林，香所成。众生以香气为食，香味周流十方无量世界。众香国是“香积如来”的佛土，菩萨各坐在香树的庇荫下，只要闻着“斯妙香”，即获圆满功德。这是一个美妙得无与伦比的和谐康乐的境界，是佛教徒心目中的乌托邦。

早在南诏大理国时期，佛教已经在大理广为传播，并且十分盛行。南诏和大理国的统治者在国内竭力推行佛教，先后封了许多僧侣（其中有早期从印度来的赞陀崛多）为“国师”，享有极高的权力。大理国二十二主中，有七人禅位为僧（有说九人），一人被废为僧，这在中国历代帝王中是绝无仅有的（即便是笃信佛教的梁武帝，或是清朝的顺治和雍正，虽然痴迷佛教到了极点，最终还是未能出家）。南诏大理国的统治者“劝民每岁正、五、九月持斋，禁宰牲口”，“家有佛龛供奉佛像，诵念经典，手拈数珠，口念佛号”。当时，国内官员，上至国相，下至一般官吏，多从佛教徒中选拔，就连学校也设在寺院，学生即僧侣，此其一；而大理的自然条件之优越更是“妙香国”称谓的另一原由。大理“四时之气，常如初春，寒止于凉，暑止于温”，确实是古人心目中的佛教圣地。

因此，人们就以“妙香佛国”称大理，简称妙香国，意思是说大理为佛国妙土，是人们理想中的香遍国。

在万历《云南通志》中有一个故事说：“杨都师是创建洱海东岸罗筌寺的神僧，寺前有公田四十亩，秧田每年都得花两头黑的三天才能栽完。请来做活的农民跟住持杨都师开玩笑说：‘您老如能有本事把太阳拴住，一天就能完工。’都师一言不出，只是默默念着咒语。等到天黑，秧田也就栽完了。农民回到家，认为才过了一天，其实已经三天了。”嘉靖《大理府志》还有一个故事说：“观音除邪龙之后，他的残余同类还暗藏在海边的水窟中兴风作浪，颠覆过往船只。罗筌寺的杨都师得知后，就在水窟旁念咒语。夜里，忽然震动之声大起。杨都师起来一看，只见百十个儿童过来说：‘师傅在这里捣乱我们住房，使我们不得安宁，请你远远搬走，不要骚扰我们!’都师严厉地斥责道：‘是法住法位，有什么不可以!’忽然间，儿童们就不见了。第二天，寺下的海水里漂起百十条死蟒蛇。从此，航道安然无恙。”

这是两则故事，属于佛教密宗阿吒力派的传说。

“阿吒力”为梵语音译，也译作阿阇梨、阿遮利耶等，意思是上师、规范师，即密教的授教师。密宗在大理的传播路径：一说是，由印度阿萨姆通过缅甸传入的；另一说是，由西藏直接传来的。方志记载和民间传说中的梵僧的赞陀崛多、李成眉和他的弟子禅和子，就是印度来的，他们都是在南诏劝丰佑时到达大理。

阿吒力对白族的文化影响深远。在大理凤仪北汤天法藏寺（又名国师府）发现的3000多卷有白文朱批的写本佛经和《南诏中兴二年画卷》，以及著名的民间故事《望夫云》、《大黑天神》、《观音七化》、《掷珠记》等，都是密宗白族化的遗留。

大理佛寺多，这些寺宇大多是南诏以来修建的，最有名者有感通寺、无为寺、佛图寺、大慈寺等，但最大最引人注目的是大理古城西

崇圣寺　（徐学哲摄）

北的密宗寺庙崇圣寺，这座寺被誉为“妙香国”的“佛都”。这里，“圣”指的是观音菩萨。

据传，崇圣寺初创于唐乾符二年（875年）。除寺宇外，还有一大二小的三座佛塔，故又名崇圣寺三塔。

崇圣寺大雄宝殿　（王敏摄）

崇祯十二年（1639 年）三月初十，旅行家徐霞客来大理时下榻崇圣寺。他在日记中写道：

> “是寺在第十峰之下，唐开元中建，名崇圣。寺前三塔鼎立，而中塔最高，形方，累十二层，故今名为三塔。塔四旁皆高松参天。其西由山门而入，有钟楼与三塔对，势极雄壮；而四壁已岌岌矣。楼中有钟极大，径可丈余，而厚及尺，为蒙氏时铸，其声闻可八十里。楼后为正殿，殿后罗列诸碑，而中溪所勒黄华老人书四碑俱在焉。其后为雨珠观音殿，乃立像铸铜而成者，高三丈。铸时分为三节为范，肩以下先铸就而铜已完，忽天雨铜如珠，众共掬而熔之，恰成其首，故有此名。其左右回廊诸像亦甚整，而廊倾不能蔽焉。自后历级上，为净土庵，即方丈也。”

1961 年，崇圣寺三塔被国务院公布为第一批全国重点保护单位之一。1978～1981 年，经国家文物局批准，有关部门对三塔进行了自明嘉靖以来规模最大的一次维修，重新装配了塔刹，拆除了明代加砌在 2～14层塔身上的面砖，恢复了塔的原状，塔身显得更加挺拔。1997 年，重建南诏建极大钟楼并重铸建极大钟。1999 年，重建雨铜音殿并重铸雨铜观音像。

2005 年 4 月，历时两年的修建，新建的崇圣寺在三塔景区落成，金碧辉煌。2011 年，三塔被评为 5A 级景区。

由于信奉密宗，白族亲近菩萨胜过亲近佛陀，观音崇拜在民众心目中的地位远远超过释迦牟尼。大理寺院中供奉的主神也大多是观世音菩萨。在大理，传说观音有七化，所以白族观音塑像有男相也有女相，早期多为手持拐杖手牵白狗的银须男性老者，这是《观音制服罗

大理崇圣寺三塔　（国平摄）

刹》中的形象。除此之外，就是“阿嵯耶观音”。在中国境内，观音是名号最多的菩萨，如甘露观音、水月观音、鱼篮观音、送子观音等，不下数十种称谓。但“阿嵯耶观音”只是大理白族独有独称。

阿嵯耶观音铸像基本特征是头戴化佛冠，发梳高髻（或称“菩萨蛮”发式），上饰多股丝束，有发箍、耳饰或头套；手结妙音天印，上身直立袒露，男身，仅饰项圈和臂钏；下身着“莎笼”式薄质透体长裙，重腰饰，另有腰带于正中打结并垂下，再一条饰带则在前面半挽后掖于两侧；赤足，或单立，或背有镂花火焰纹背光，其造型和《南诏中兴画传》、《张胜温画卷》上所绘“阿嵯耶”观音均为同一类型。铸像有金质、银质、银或铜质鎏金、青铜质等多种。

美国学者海伦·B·查平在《云南的观音像》一书中，称誉“阿嵯耶观音”为“云南福星”。

佛教传到了大理往往被白族世俗化，佛教“天龙八部”之一的

“迦楼罗鸟”，就变成崇圣寺三塔顶上的塔模“大鹏金翅鸟”，和佛塔一起成了“世传龙性敬塔而畏鹏，大理旧为龙泽，故以此压之”的镇邪物，鹏则具有嗜龙眼的习性。金庸以大理国段誉为题材写的武侠小说，书名干脆就取《天龙八部》。他在书前说：“这部小说以‘天龙八部’为名，写的是北宋时云南大理国的故事。”

白族地区“三教合流”的现象很普遍，在城乡出现了许多三教庵、三教宫等庙宇。白族的三教合一依然是与本主崇拜一样将儒家的学说与佛道的教义中世俗化的内容糅而合之。道教教派中，白族地区主要传播天师道（又称“正一道”或“火居道”）和全直道。正一道崇奉鬼神、不重修持、画符念咒、驱鬼除秽、祈福禳灾，与阿吒力僧有妻室，并以祈晴祷雨、降龙治水、超生荐死、画符念咒等行教有共同处，因而有“密僧吒龙救旱，道士驻雷逐疫”之说。全真道虽不娶妻室、不茹荤腥，但主张儒、释、道三教同源。这就是“三教合流”在白族中信徒尤众、香火不绝的原因。

过去，白族地区“三教同归”的宗教组织称“坛”，名称各异，如“至善坛”、“复善坛”等，坛在三教宫内设“圣谕堂”。所谓“圣谕”是指孔子、释迦和老子“三圣”的口谕或思想。即圣谕堂前有楹联曰：“儒释道自三家，任末流教广术多，谁竟造成圣贤仙佛？天地人原一贯，纵今日时移世易，仍莫能外消长阴阳。”圣谕堂由专人阐释“中恕、悲慈、感应”的宗旨，宣传儒释道三教所说的盈虚消长之理和救世济民之道相通的道理。

圣谕堂还定期举办“三元”会，“三元”即上元天官、中元地官、下元水官。上元从农历正月十五至二十二日，中元从农历七月十五至二十二日，下元从农历十月十五至二十二日。每次会期都要在“三教宫”内做十天七夜的法事，祈求消灾、免设、祈福，以期维护社会稳定，平抚人心。这种活动，仍然富有出世的功能。

鸡足山金顶寺　（树莓摄）

剑川石宝山　（欧燕生摄）

大理有多座不同内容的宗教名山，如以密宗为主的石宝山、以道教为主的巍宝山和多元宗教的点苍山，但最负盛名的是鸡足山，其影响遍及藏区和东南亚。

鸡足山不仅风景秀丽，而且是西南的佛教圣地。山上的佛教建筑，起始于唐，继于宋元，盛于明清，直到民国仍有增修。清康熙时，已有大寺八，小寺三十四，庵院六十有五，静室一百七十余所。寺僧五千余人，其中高僧辈出。明代旅行家徐霞客曾两上鸡足山，先后留连在此近半年时间并写了《鸡足山志》纲目。20 世纪 60 年代末，这里大部分寺宇被毁，近年主要寺院多已修复，这里成为云南省最著名的旅游景区之一。

第七章

百花争妍

自南诏以来，白族在文学艺术方面，除了在内容上强烈表现本民族的心理素质外，用汉话和白文进行双语创作的水平已达到很纯熟的程度。这种创作方式不仅流行于精英层中，在下层即布衣中亦能运用自如，尽管白族没有严格意义上的文字，但近代编写的《白族文学史》还是在书中增加了“书面文学”一章，这里的书面无非是指汉文而已。这种文化现象，外来客早就有所觉察。清乾隆年间，有个叫窦欲峻的拔贡来到大理，写了一首《僰曲》：

苍洱秀灵地，遍多僰子音。
几声同鸟唤，一曲讶蛮吟。
相识悲愉意，犹余放旷心。
风谣如欲辨，“额士呢”中寻。

诗中有注：“僰话谓读书人曰‘额士呢’。”诗的意思是，你是外地人听不懂白曲没关系，听不懂可以请教读汉书的白族知识分子，他们精通白语和白族民歌。

第一节 白子"唐诗"

早在南诏时期，由于汉文化的浸染，其境内出现了不少运用汉文写作的少数民族作家，尤其是位居王国高层的白族先民中的作家，他们精通汉语文学，能用汉诗格律纯熟地写下被收入《全唐诗》的诗作，如杨奇鲲的《途中诗》，段义宗的《思乡》、《大慈寺芍药》，董成的《听妓洞云歌》、《思乡作》等。从诗作意境看，他们的文化素养深厚，不在汉族作者之下，这在中国少数民族中堪称凤毛麟角。

据《太平广记》载："南诏以十二月十六日，谓之星回节。游于避风台，命清平官赋诗。骠信诗曰：'避风善阐台，极目见藤越（邻国之名也）。悲哉古与今，依然烟与月。自我居震旦（谓天子为震旦），翊卫类夔、契。伊昔经皇运，艰难仰忠烈。不觉岁云暮，感极星回节。元昶（谓朕曰元。谓卿曰昶）同一心，子孙堪贻厥。'清平官赵叔达曰：'法驾避星回，波罗毗勇猜（波罗虎也，毗勇野马也。骠信昔年幸此，鲁射野马并虎）。河阔冰难合，地暖梅先开。下令俚柔洽（俚柔百姓也），献琛弄栋（国名）来。愿将不才质，千载侍游台。'"这些诗已收入《全唐诗》，南诏骠信的诗题为《星回节游避风台与清平官赋》，赵叔达的诗题为《星回节避风台骠信命赋》。值得注意的是，诗里夹杂着不少白语。骠信是国王的称谓，清平官是南诏相当于唐朝宰相的官职。

据五代蜀何光远《鉴诫录》卷六载：大长和国布燮（宰相）段义宗等使蜀。段义宗"不欲朝拜，遂秃削为僧"。有《题大慈寺芍药》、《题三学院经楼》、《思乡》等诗，均摘句选入《全唐诗》。《思乡》题为《思乡作》，诗云："漠北行人绝，云南信未还。庭前花不扫，门外柳谁攀？坐久消银烛，愁多减玉颜。悬心秋月夜，万里照关山。"有些史籍

则记为南诏布燮董成唐懿宗咸通七年出使成都所作，布燮也是相当于宰相之职。

南诏著名诗人杨奇鲲一生诗作甚多，史称其“有词藻”，今仅存《途中诗》和《岩嵌绿玉》两首。杨奇鲲，又作杨奇昆，或作杨奇肱，南诏王隆舜（一名法、法尧）时代的布燮。他曾于唐中和三年（公元883年）出使成都，迎娶唐朝安化长公主，并写有诗作《途中诗》。《途中诗》为七律，收入《全唐诗》：“风里浪花吹又白，雨中岚色洗还青。江鸥聚处窗前见，林狖啼时枕上听。此际自然无限趣，王程不敢暂留停。”诗人把赴成都迎娶唐宗室女安化长公主途中景色描绘得清新优美，兴味盎然，表达了为实现和亲不敢贪恋景色的心情。语言洗练，意境高洁，广为传诵。他还有七绝《岩嵌绿玉》：“天孙昔谪下天绿，雾鬓风鬟依草木。一朝骑凤上丹霄，翠翘花钿留空谷。”诗人用清新优美的语言，生动描绘了苍山大理石来历的古老传说。织女谪居苍山，骑凤飞升时美丽的首饰遗落山中，化为大理石。两首诗都诗思精隽，情文并茂，在唐人诗中亦堪称上乘之作。

第二节　“古本”相袭

白族“古本”（即民间传说故事）向来以丰富著称。1957年，民俗学者李星华来到大理搜集白族民间文学，整理出版了《白族民间故事传说集》。这之后，大理又陆续出版了《白族民间故事》、《白族民间故事选》、《白族神话传说集成》等书。其中的《火烧松明楼》、《望夫云》、《辘角庄》、《负石阻兵》、《蝴蝶泉》、《荨麻与艾蒿》、《神笛》是家喻户晓、妇孺皆知的故事。李星华是北京人，第一次来大理搜集白族民间故事，她曾激动地说：“大理白族地区是神话的海洋，这话绝不虚传。我们所到之处，确实有这样一个印象，在滇西，几乎一山一水、一草一木都有传说。单就我们所接触到的一部分故事来说，也已经让人感到白族民间故事和传说的绚烂多彩了。”后来，日本学者君岛久子将《白族民间故事传说集》翻译成日文在日本出版，并编成动画片，影响很大。

在明清以来编纂的地方志中，记录下了不少白族民间故事，这些也是流传在民间的脍炙人口的故事。其中最著名的是载于《大理县志稿》的《望夫云》：

> 俗传蒙氏时，有怪摄宫中女，居于玉局峰巅。女所欲食，怪给之不绝。因山高候冷，女苦之，与索之。怪慰之曰：“河东高僧有一袈裟，夏凉冬暖，可立致。”遂夜至洱河东之罗荃寺，将袈裟盗出。僧觉之，以咒厌，怪溺死寺西水中，化一大石坪，俗呼为石骡子。女望之不归，遂郁死；精气化为云，名望夫云。每岁岁冬再现，即大风狂荡，有不将海中之石吹出不止之势。

当然，在民间的口头传说中，故事更曲折，细节也更多，而且称出现在苍山玉局峰上这种“望夫云”为“愤怒寡妇的头发”，使“精气化云”的主题更强烈。

另一则是《南诏野史》所载的《辘角庄》：

> 大理府城南二十里，南诏蒙阁罗凤有女，欲为择配。女曰：“择配非天婚也，我欲倒坐牛背，任牛所之，不问贫富贵贱，牛入之家则嫁之。”凤勉从其请。至一委巷，牛侧其角而入。见一老媪，问媪有子否？曰：“有一子往樵矣。”女即拜媪为姑，嫁其子。令报凤，凤大怒，绝女。一日，婿问女曰：

"首饰是何物所制?"女曰:"金也。"婿曰:"吾樵处是物甚多。"顷之,载归,果金也。女遂恳请宴凤,凤使人难之曰:"汝能作金桥银路,吾当来汝。"女遂作以迎凤。凤叹曰:"信天婚也。"遂名其地曰"辘角庄",言牛入隘巷,角为辘轳转也。

不知黄金为何物的老实砍柴郎面前掉下了"天上的馅饼",最终娶了公主,老实人自有好报。金桥银路,构思奇巧。

这些载诸汉文典籍的"古本",写的大都是白族女性的题材,女性故事在白族民间故事中占的分量很重,是白族"古本"的一大特色。

《小黄龙》是一则以龙为题材的英雄故事。说的是一位天真无邪的白族女子浣衣溪边,忽见一枚绿桃漂了下来,女子顺手捞来吞下,不久怀孕,生下一个男孩,孩子长大变成一条小黄龙。原先,洱海长期被不可一世的大黑龙所霸占,水患频仍,民不聊生。小黄龙决心除害,潜入洱海誓与大黑龙决一死战,最终将邪恶的大黑龙赶往澜沧江,在江岸撞在岩石上,折了一条腿。

《大黑天神》是英雄的礼赞。"大黑天"虽然是神,但是一位爱民悯民赤胆忠心的善神。传说,玉皇大帝痛恨世间的生灵,欲除之而后快,于是派天神到人间撒"瘟丹"。天神接受了这残酷而毒辣的圣旨来到尘世,而面对的是男耕女织其乐融融的美景,突发恻隐之心,吞下了全部"瘟丹"。顷刻天神全身变为乌黑而绝。后来,白族将黑险天神奉为本主,尊称"大黑天神"。

《大砧板和小砧板》又叫《荨麻与艾蒿》,是一个狼外婆型的民间故事,是小女孩大砧板与凶恶妖婆斗争的右本。母亲外出,姐姐与弟弟小砧板在家,妖婆半路害了母亲后装扮成母亲来到姐弟家里。晚上,大砧板发现妖婆不是母亲,而且还将弟弟啃吃了。于是,她逃到园中的桃树上，妖婆发现后跟着追过来。女孩急中生智，将防身的铁犁砸向妖婆。妖婆受伤后变成了刺人的荨麻围住树根阻止大砧板下来。大砧板不顾一切跳下来变成艾蒿复仇，与荨麻永生永世作对到底。如今，在田野里，艾蒿与荨麻总是生长在一起，行人如被荨麻刺伤，只要揉上艾蒿就能止痛。

白族观音传说也不少，有一本古书《白国因由》，里边就有不少观音的传说。

《观音制服罗刹》说：

> 隋末唐初，罗刹久踞大理，剜人眼食人肉，人民苦受其害。唐朝贞观年间，观音从西天来到苍山五台峰下的大理坝子，化作老人探访罗刹恶迹。后通过罗刹的耆老张敬结织罗刹，并向罗刹乞讨一块“袈裟一铺、犬跳四步”的地方以安家。为了把稳，观音请求在洱海边的上鸡邑村立约盟誓。高傲的罗刹认为无所谓，爽快答应了。观音对众将袈裟一铺，复满苍洱之境；白犬四跳，占尽两关之地。罗刹方知中计，欲反悔但为时已晚。观音以“别有天堂胜境，请王居之”的计策将罗刹父子诱入上阳溪一石洞中，以巨石封住洞口。罗刹惊吐其舌，苦求饶命。观音请铁匠李子用铁汁浇封石缝，上建塔镇之，使罗刹父子永不作恶。

《负石阻兵》说：

> 古时，大军侵犯大理。观音化为一位老妇，以稻草绳背着一块巨石，在大路上缓缓行走。官兵们来到感通寺下的路边，看见背石的老妇人，惊奇得相顾吐舌，并问老人：“老大

妈，您老怎么背得起这么大的石头？”观音回答说：“我年纪老了只能背小的。你们还不见年轻男子背的比我的更大呢！”大军听后，相互耳语：“老妇人的力气尚且如此，如果是身强力壮的男子，一定势不可当。”于是，悄悄收兵撤退。

每位白族本主都有传说故事，因此白族的本主故事数不胜数。其中有《杜朝选》甚显悲壮：

相传，青年猎人杜朝选去云弄峰打猎，在神摩山神魔洞遇一危害生灵的妖蟒，立即向妖蟒射了一箭。第二天，他去

蝴蝶泉　（李贵云摄）

寻妖蟒行踪，在山洞中遇见两位洗血衣的少女，探知妖蟒正在洞中酣睡，而这两位女子则是被摄入蟒洞中供使唤的。杜朝选遂随她们进洞杀死妖蟒。两位女子为报救命之恩，欲嫁

杜朝选。杜朝选婉言谢绝，二女遂投入无底潭里而死，杜朝选随后也跳入潭中不再出来。最终，三人都化为彩蝶，于是无底潭即成为蝴蝶泉，附近周城村将杜朝选奉为本主。

《徐霞客滇游日记》载："榆城（大理）有风花雪月四大景，即下关风、上关花、苍山雪、洱海月。"每景都有故事。

下关风的故事：

传说，书生王宏与苍山上修炼成精化作美女的白狐相爱，被老师发觉。愤怒之下，老师拿起砚台失手将王宏打入洱海。白狐为了救出王宏，到南海向观音要了六瓶风，想吹干洱海水。临行，观音嘱她："不可泄露天机，路上不能说话。"但白狐到了下关天生桥上，为了救一临产孕妇，失口说了一句话，六瓶风跑了五瓶，成了有名的下关风。剩下一瓶，风力不足，吹不干洱海水。

上关花的故事：

上关花树村有位叫段隆的樵夫，在苍山云弄峰下"靠天石"结识一位皓首童颜的老翁。段隆的妻子怀孕后难产，就去求老翁想办法。老人给他一粒珠子，回去后让妻子含在嘴里，说不能咽下也不能落地。孩子顺产了，但不慎让珠子滚到了地上。还珠子时，段隆说出实情，老人叫他种在地里。不久，果然发芽，并长得很快，不到一年就枝繁叶茂了。开花时，一月开一朵，平年开十二朵，闰年开十三朵，五彩缤纷；结子时，一朵花结九个子，一年结一百零八个。珠子晶

莹透亮、五光十色，人们取名曰“朝珠”。自从出了这棵奇树，游人络绎而至，但是贪官污吏来了就无恶不作，村民不堪其累，就将朝珠树砍了。

苍山雪的故事：

从前某年，外敌强兵侵扰大理。大理北有龙首关，南有龙尾关，东有洱海，西有苍山，形势天成，万无一失。不料，敌军强悍，猛攻失利，即从西绕至漾濞翻越4000米苍山而下。战局危急，惊动天神。天神急派雨师雪神，前来抵挡敌兵。顿时，大雨倾盆，半夜大雪又纷纷飘下，盖住整座山顶，敌军统统冻死雪海。从此，为了防御，苍山雪经夏不消，成为奇观。

洱海月的故事：

传说，从前洱海里有条大黑妖龙，为非作歹，危害生灵。观音老母扔了一个金盆，盆上有金链，镇住妖龙。金盆变成金月亮（宝海明珠），与天空明月相辉映，成为有名的洱海月。后来有个贪心财主逼渔民为他打捞金链子。观音知道后，用金线银线绣成的花手帕包住了金月亮。从此金月亮只能映照海底，不能现出海面。但洱海上空的月亮仍然很美丽。

第三节　“调里传话”

在白族的意识里，神圣的宗教仪礼与浪漫的情歌之间似乎没有太大的区别。白族一年一度的对歌会大多设在有名的寺庙周围，那些来对歌的妇女，在寺庙里围着庄严的神像环绕，高声地唱着称为“花柳曲”的情歌，被视为对神的祈祷。

白族男女青年之间，谈情说爱，用嘴说被认为啰唆而刻板，唱调子才是最含蓄最有味道的方式。有一首民歌即表达了这种情怀：

花上花，
有心爱你这朵花，
有心爱你花这朵，
中间无人说。
大人说来怕说差，
小人说来怕说错，
求人不如求自己，
有话调里说。

在偏僻的洱源西山，在日常交往中，唱调子和说话的效果是不一样的。有个例子，改革开放前，有一个村民放牧生产队的牛，牛不慎跑到地里吃了庄稼。晚上，全队社员在打场上批斗他。在会上，无论他怎么解释都没有被进村的工作队通过。这个放牛的就不由自主地唱起即兴自编的白族调，倾诉自己疏忽是错误的，但事出有

对歌　（欧燕生摄）

因，因肚子饿了一时睡着。声情并茂，唱得社员们一个个陆续悄悄退场，批斗会没了个结果。

就诗体而言，白族民歌格式独特。白族民歌又称白族调或本子曲，每首由八行诗组成，分上半首和下半首，每半首为四行，半首类似汉语词的“阙”。上半首第一句通常是三个音节的韵头，也有五个音节或七个音节的韵头；第二三句为两个七字句，第四句为五个音节。下半首除第一句固定为七个音节外，其余与上半首相同。这种格律称为“三七七五”或“七七七五”诗体，也就是前面提到的“山花体”。在白族民间，凡是用白语创作的韵文，包括民歌民谣、短诗长诗、祭祀文、白族戏剧或曲艺的唱词，都毫无例外地遵循这种格式。

从音韵上看，白语有 6～8 个声调，因此白族诗体的音韵无所谓平仄可言，但白族诗体讲求声调高低变化的韵律美，有人称之为“高低律”。白族诗体讲究押韵，但韵比较宽，大多是由于声调不同派生的韵辙，通用的有四大韵，即白族称之为“曲姓”或“韵头”的“花上花”、“油勒油”、“老利老”和“翠茵茵”，它涵盖了相近的韵母。由于韵律较宽，不仅短诗，数十数百行的长诗也要求一韵到底，极少有中途换韵的。在对歌时，如果某一方换了韵便被讥为“打乱草”而认输。

就诗句的节奏而言，白族诗体与汉语格律诗不同。汉诗七字句的节奏是以“二二三”，五字句是“二二一”或“二一二”分顿挫；白族诗体诗句节奏除与汉诗部分相似外，惯于使用“三二二”和“一二二”分顿挫。这里不妨举一首常见的民歌：

脚出栅门看东方，
看见东坝前沘江。
看见东坝意中人，
黑发也变苍。

愿变你手上金镯，

愿变你园中鲜花。

愿变十五三更月，

夜夜照妹窗。

白族民歌中，还有一种独特的形式，那就是“串枝连”，是白族长诗的一种形式，其诗的格式与白族调相同。但“串枝连”有两个特点，一是，每节诗的第四句与下一节诗的诗头句同音，全诗音音相连，从开头贯穿至结尾，所以又称“串珠连”；二是，男女歌手将“一物降一物，一物克一物”相生相克的规律引进对歌中，从初会、相识、相赛、相爱，组成感情上的链条，即由异变同，“终成眷属”，这实际上是智慧的比赛、爱慕的测试。有一首《松与杉》就是典型的“串枝连”：

男：一个山头两棵树，

松树枝叶比杉繁。

哥是松来妹是杉，

看谁智慧强。

女：你说松树比杉繁，

我的智慧比你强。

妹我变作金月亮，

照哥青松岭。

男：你说照在青松岭，

我的智慧比你强。

哥我变作一朵云，

遮你月亮身。

女：你说遮我月亮身，

我的智慧比你强。
妹我变作一阵风，
吹散哥云根。
男：你说吹散我云根，
我的智慧比你强。
哥我变作山一座，
挡你风眼睛。
女：你说挡我风眼睛，
我的智慧比你强。
妹我变作牡丹花，
开在你山顶。
男：你说开在我山顶，
我的智慧比你强。
哥我变作小蜜蜂，
钻进你花心。
女：你说钻进我花心，
我的智慧比你强。
妹我变作大马蜂，
咬你小蜜蜂。
男：你说咬我小蜜蜂，
我的智慧比你强。
哥我变作一把火，
烧你马蜂窝。
女：你说烧我马蜂窝，
我的智慧比你强。
妹我变作一塘水，

浇灭你火星。
男：你说浇灭我火星，
我的智慧比你强。
哥妹变作两条鱼，
合作一家亲。

《串枝连》有固定的格式和传统的内容，但更多的是对歌之间触景生情的即兴对唱，因此演唱过程不能漫无边际东扯西拉，要根据环境、气氛遵循逻辑展开。故演唱的难度大，对歌手的思维敏捷度要求高，除非特殊需要，一般很少采用。

在白族青年男女对歌的场面上，姑娘们激动而又羞怯地挤到一块，悄悄地商量着对答的歌词。她们一个个手捧雪白的麦秸草帽，贴着胸遮住半张脸，于是一串银铃般的歌声就从这里飘出来。关于这草帽也有一首《草帽歌》民歌：

女：大理下来草帽街，
小妹我一见喜心怀。
买顶草帽头上戴，
遮住脸来等呀等哥来。
男：大理下来草帽街，
小哥我一见草帽喜心怀。
不爱草帽编得好，
就爱小妹你好呀好人才。

《草帽歌》属于山歌，因大多用汉语唱，格式又不同于“三七一五”的山花体，因此白族人称之为“行枯”（意为汉调）。根据流行地，

行枯分别有“田埂调”、“对口山歌”、“邓川调”、“海东调”、“甸南调”、“甸北调”等。这种山歌广泛流行于洱海北部的白族地区，有些地方甚至取代了白族调。歌曲形式一般为男女对唱，多在家庭外的劳动场合和行路时唱。汉调还常被民间乐手用小三弦、月琴等乐器或树叶作为器乐曲演奏。

比起短歌，白族民歌里叙事长诗是凤毛麟角。《青姑娘》和《出门调》是白族长诗中最著名者，反映了妇女和工匠们的悲惨遭遇，在民间影响很深。

《青姑娘》是一首撕心裂肺催人泪下的悲歌，流行在剑川一带。相传剑湖边上有一位名叫青姑娘的童养媳，她勤劳、善良、美丽，却常常遭遇婆婆的虐待和丈夫的毒打。她忍受不了而自残，在秋千上上吊被救活。她的行动并未得到夫家的同情，反而火上加油一齐骂她“要死你就死干净”，逼得她走投无路。在正月十五元宵节那天，青姑娘终于跳进剑湖的海尾河结束了年轻的生命。她的悲惨遭遇激起白族姑娘们的义愤与同情，每年元宵节这天，她们一路敲锣打鼓，从海尾河将草扎的青姑娘模拟像迎接到村里的广场上，围着模拟像边舞边唱叙述青姑娘悲惨遭遇的长歌《青姑娘》，表达她们对青姑娘的怀念以及对自由幸福的憧憬。每年的元宵节这一天，也就成了妇女们的“青姑娘节”。

长诗《青姑娘》有250多句，采用三七一五句式，分序歌、耍山、出嫁、苦情、出游、受气、被逼、找寻和祝祷9部分。

《出门调》也是剑川三七一五句式的白族民间长诗，类似的还有《鸿雁带书》、《五更调》等。内容是以夫妻书信的形式倾诉男女间的离情别恨。过去，剑川白族壮年男子大多离乡背井漂泊他乡做木匠活，远至中缅边境（棘夷或夷方），十年八载不能归家，生活艰难。《出门调》分八曲，即：“商量出门”、“依依异别”、“南行路上”、“王家遭陷”、“鸿雁传书”、“僰夷风情”和“白发相会”等。

第四节　弹吹跳乐

白族人的性格热情、外向、乐天，因此他的行为艺术亦表现出激昂、高亢、奔放的情调，弹吹跳乐是其主要表演形式。“弹”是弹白族特色的三弦，主要在说唱艺术中应用；“吹”是吹唢呐，主要在表演艺术吹吹腔中应用；“跳”，是“打霸王”、“敲八角鼓”时的舞姿；“乐”是深沉、悠扬的洞经音乐。

“大本曲”是白族民间特有的古老说唱曲艺形式，主要流行于洱海周围的大理坝子。凡欢度节日、建盖新房、婚丧嫁娶，或忙完栽秧、秋谷登场等时节，人们纷纷邀请歌手来村里演唱几天几夜的大本曲，这些在农村颇有地位的歌手会受到热情的款待。虽然，这些歌手常常走村串寨到处演唱，但他们不像内地流浪的盲瞎艺人，他们是当地土生土长并有一定才能和威望的职业歌手，乡里人称他们为“先生”，把他们当作塾师一样尊敬。

“大本曲”演唱：规模大的在广场上，需搭木料台子，隆重时要以青松毛、彩布、贴楹联和竖碑楼装饰一新；听众少时在庭院里，可利用堂屋前的走廊作演出台子。通常在台上设一桌两凳，桌上放置炉香和花瓶，一凳坐演唱者，一凳坐操龙头三弦的伴奏者。桌上摆着“惊堂木”，道具简单，只需折扇、手绢。演唱者随身备有数十本白文抄写的曲本，任随主人点唱。“惊堂木”一敲响，演唱即开场。

大本曲的唱腔很丰富，有三腔、九板、十八调（或十三调）之说。所谓“三腔”，即以大理古城为界，流行在不同地域的三个同源异流的三个流派，城南的称南腔，城北的称北腔，洱海以东的称海东腔。其风格，大致为南腔婉转，北腔质朴。南腔派的“九板”是黑净饭、高

腔、路路板、平板、提水板、阴阳板、大哭板、小哭板、边板；北腔的“九板”是高腔、脆板、正板、平板、提水板、阴阳板、大哭板、小哭板、赶板，另有一字和二流。南腔的十八调是螃蟹调、老麻雀调、新麻雀调、花谱调、家谱调、琵琶调、花子调、放羊调、上坟调、道情调、祭奠调、阴阳调、起经大会调、拜佛调、问魂调、思乡吟、血湖池和蜂采蜜等；北腔的十三调是螃蟹调、麻雀调、打渔调、家谱调、放羊调、数花名、莲花落、琵琶调、对经调、问魂调、验伤调和翠池莲调等。海东腔派的腔调，近代大多已失传。

大本曲内容大多属于长篇说唱故事，其传统曲目有108个和116个两种说法。题材的主要来源：一是从汉族地方戏曲剧目移植的，如由梁山伯和祝英台故事改编的《柳荫记》；二是根据白族生活和民间故事改编的，如《白王的故事》、《松明楼》、《磨房记》、《蟒蛇记》等。除此之外，还有短小的景物小品，如南腔派代表艺人杨汉的《大理风花雪月》：

大理苍山十九峰，
十八溪水流朝东。
洱海就像一明镜，
明月映海中。
茶花笑得好，
杜鹃红彤彤，
龙凤眼洞在山中。
雪盖山顶比银白，
玉带绕山腰。
蝴蝶舞花中，
上关花迎下关风，

文献名邦史悠久，

三塔立千秋。

曲本的结构由吟诗、道白、唱词3部分组成，吟诗和道白全用汉语。曲本都以汉文诗开头，中间人物出场也用诗引出；道白除交代人物身份外，主要是中间的抒情和叙事，道白的末句还有“叫板”的作用，即提示伴奏者转某个板或调。唱词则是白语“山花体”，与吟诗和道白构成俗语所说的“汉夹白”形式。不论故事人物如何众多、情节如何复杂，演唱一律用第一人称表述，即人物出现都采用“自述”的方式表达，故称为代言体。这种“自述”的方式省略了故事情节的交代，显得简洁而精练。

龙头三弦是大本曲演唱的唯一的伴奏乐器。

“吹吹腔”因主要吹奏唢呐音乐而得名，这种戏剧源于明洪武年间随明军入主大理传入的中原戏曲“弋阳腔”声腔系统。在流传过程中，吸收了白族文学、音乐、舞蹈等艺术要素而发展形成的独特剧种。在明初至清乾隆年间时，是“吹吹腔”鼎盛时期，在大理、洱源、鹤庆、剑川、云龙等地出现了一批艺人和业余戏班子。

唢呐是“吹吹腔”的主要伴奏乐器。白族唢呐与汉族唢呐构造不同，背面无音孔，正面只有七孔，采用“借”吹奏法。簧片短而较硬，低音浑厚、稳健，亦能跃上更高音区。音域宽广，乐曲结构较多地出现四度以上的跳跃音程，具有明亮、粗犷、强烈的风格。

“吹吹腔”有一套独立的曲牌，结构为联曲体。唱时为无伴奏清唱，唢呐吹打乐间奏过门。主要曲牌有“流水”、“高腔”、“山坡羊”、“风摆柳”、“风交雪”等。行当亦有生、旦、净、丑四大行，四行之下又有细分，如“生”有老生、须生、小生、英雄生、花生，“旦”有老旦、正旦、花旦、苦旦、武旦、摇旦，“净”有黑净、红脸、大花脸、

二花脸，“丑”有大丑（袍带）、中丑（方巾）、小丑（旗锣伞根）等。行头一般为蟒、靠、褶子、盔头、纱帽、五绺须、杂白须等，有跳场、游场、杀场等各个行当的固定程式。一般不着特殊的民族服装，脸谱和服装与一般汉族的古典戏曲大本相似。

据1962年调查统计，“吹吹腔”的传统剧目有300多个，其中有存世底本的80个。内容大多为历史故事，如“三国”、“隋唐”、“水浒”等，也有白族故事，如《血汗衫》、《火烧松明楼》等。剧本分“折”不分“场”，有些是大型连台戏，如《牟伽陀开辟鹤阳》一出戏竟长达79折。人物出场和汉族古典戏剧一样，有“上场引子定场诗”。道白用白语夹汉语，唱念汉字用白音，用韵与汉诗不同。音乐以唢呐和锣鼓作间奏，即按四句为一段，每段用吹打乐起头，唱完一句奏过板，二句后打单板，三四句连唱再打过板。

民国以后，“吹吹腔”在民间逐渐衰微，失去舞台演出的条件，戏台大都改演滇戏。“吹吹腔”只在民间节日或婚丧嫁娶时在庭院中围坐在板凳上演出，已无程式表演，故称“板凳戏”。在栽秧后的“田家乐”中，在广场围成圈边走边唱“渔樵耕读”，仍受民众欢迎。

20世纪50年代以前，“吹吹腔”没有专业班社，只有季节性和自娱性的业余组织。1956年7月，大理周城村俱乐部创作演出“吹吹腔”剧《杜朝选》，同年11月22日，周城和湾桥二地联合组成文艺代表队在大理白族自治州成立庆典上演出。1957年，“吹吹腔”以大理市业余文工团的名义首次参加在昆明举办的云南省少数民族文艺会演，引起广泛注意。在这次会演的座谈会上，首次提出“白剧”的剧种称谓。1958年12月，文工团更名为大理市吹吹腔剧团，并成为专业艺术团体。1962年1月，剧团以大理州白剧团的名义参加云南省民族戏剧观摩演出大会，演出传统剧目《火烧磨房》、《窦仪下科》等。同年，白族历史上第一个专业性质的大理州白剧团诞生，大理市吹吹腔剧团人

员并入其中。

白剧是以大本曲剧为基础，吸收吹吹腔以及其他汉族剧种的声腔和表演形式，形成比较完整的戏剧体系。1963 年以后，剧团先后以白族的现实生活和民间传说创作上演了《红色三弦》、《望夫云》、《苍山会盟》、《柏洁夫人》、《阿盖公主》、《白月亮白姐姐》等大批剧目，三次进北京演出。

大理古城内有一条“洋人街”，仅有 300 米长，但街上却充斥着西餐厅、咖啡屋、酒吧、画廊、工艺品等店铺，琳琅满目。夜幕降临后，在五彩霓虹灯闪烁下，在一间叫“老木屋”的客栈里，不时有优雅、飘逸的丝弦乐声传出来，使这条街洋溢着奇异的情调，吸引了来自世界各国的背包客流连忘返。老木屋的店主是一位叫盛开荣的白族老人，这间客栈是建于清代的老式店铺，这条路原名叫护国路，连着店铺的是一所白族传统的四合小院。

白族洞经古乐　（刘建明摄）

1984 年初，大理古城被国务院批准为乙类开放地区，早已按捺不

住的国外背包客蜂拥而至。他们白天满城游逛，晚上回来想吃西餐没处找。头脑活络的盛开荣在店里开起“山寨”西餐，后来又请了一位意大利人做起正宗的西餐，吸引了外国人来店里。外国人爱住白族民居，盛老板干脆将后面的四合院辟成客栈。盛老板从小就是古乐迷，突发奇想邀约同好成立了大理南诏古乐学会，演奏即将失传的古乐（即洞经乐）。这一举措，使洋人街热闹起来。这种因属“四旧”而被禁演多年的古乐，经盛开荣与乐友们发掘、整理，越演越红火。除了城内，大理城乡也纷纷组织了古乐队。

洞经音乐白族民间称为“谈经调”，原是道教仪礼的伴奏乐。“洞经”原指道教的经典，“谈经”就是念道教经典。洞经在流传过程中，尤其是在明代经著名白族文人李元阳、赵雪屏等名人结“三元社”后，不断吸取充实儒释的内容为我所用，洞经音乐也就随之兴起。因此，洞经乐实际上包括：儒腔，如《大晟乐》；道腔，如《上清宫》、《天宫颂》等；佛腔，如《日月》。除此之外，又不断融入南诏奉圣乐等宫廷音乐，如《南清宫》、《普天乐》、《薰风曲》等和江南丝竹，如《小开门》、《忆江南》，以及白族调，如《蜜蜂过江》、《酸辣子》、《海东调》等，形成一种独特的后来传播到白族周边包括保山、丽江等滇西地区的民族古乐，具有道家音乐的飘逸，佛家音乐的深沉，儒家音乐的浑厚，江南丝竹的柔美，民族音乐的婉约，其主旋律柔婉、轻曼、悠扬、舒缓，营造出超凡脱俗、恬淡闲适、高雅深幽、虚玄缥缈的境界，在古朴、雅致中返璞归真，被称为“没有污染的音乐”。

白族洞经乐分为唱诵乐、纯乐器曲和打击乐 3 类。打击乐是在谈经开始、结尾，以及两首乐典间使用；纯乐器曲是脱离经文的音乐，又称雅曲；唱诵乐，是对经文的吟唱。其乐器分武乐器，即打击乐器，有鼓、锣、钟、磬、铃、钹、镲、木鱼等；管弦乐器，有唢呐、笙、箫、笛、管、二胡、三弦、筝、琵琶等。因此，乐队阵容庞大。

跳白族霸王鞭和八角鼓舞是白族节日中最吸引人的活动。一般成双成对，男的手敲八角鼓，女的舞霸王鞭。他们边唱边舞，舞蹈动作有表达炽热爱情的背靠背、心合心、脚勾脚等。款款作响的道具声与嚓嚓的脚步声相合拍，舞姿优美，气氛热烈。

霸王鞭和八角鼓原是中原地区古代舞蹈的道具，传入白族地区后被保存至今。

霸王鞭是竹、铜体鸣击乐器，也称“九子鞭”、“金钱棍”、“九节鞭”、“花棍”等，至今仍流行在大理、剑川、洱源、云龙，以及云南兰坪、元江和湖南桑植等白族聚居区。霸王鞭的制作和表演，在白族教育家杨琼的《滇中琐记》中有如下记载：“霸王鞭者，以竹竿五尺，长等身，节凿孔，三寸置筍，嵌以二三铜钱。其孔参错相间，拍之则钱动摇作款宣声。手握杆之中，而拍其上下截，拍手承以臂，拍脚承以腿，拍头承以颈，拍腰承以股。俯仰曲伸，辗转反侧，无不中节，亦绝技也。”

八角鼓是单面鸣的打击乐器，白族称“滴低鼓”。1639年，洱源凤羽白族土司热情宴请徐霞客，《徐霞客日记》中记席间有奏“紧急鼓”者即指八角鼓。因鼓边亦嵌有铜钱，故又称“金钱鼓”。八角鼓流行于大理州白族聚居地区，今所见多为六角形。八角鼓的制作尺寸无严格规定，一般以手拿舒适便于演奏为宜。边框用木材制成，六角木条框内各嵌铜钱二枚，鼓面蒙以牛皮或羊皮。八角鼓的奏法是左手持鼓一侧，右手击鼓面，或用鼓边反击肩、头、膝、脚等部位，鼓声与铜钱声融为一体，清脆铿锵。

第五节 稀世画卷

自古以来，白族美术也是令世人瞩目的。

就美术而言，最早形成的当为苍山岩画，这是原始民族反映他们

生产生活的图画。

苍山岩画又称点苍山岩画，或漾濞苍山岩画，位于漾濞县苍山西坡吃水箐海拔 2000 米处，1994 年 10 月被发现。岩画绘在一块表面为 120 平方米的天然岩石上，画面 20 平方米许。虽经沧桑岁月，画面依然清晰可辨。绘画线条简单，但内容丰富，人物众多，场面热烈，巨大的牛头居中，四周有放牧、祭祀、采摘、狩猎、舞蹈的人群，还有男女交媾图等，共有 200 余幅。当地人称这里为“仙人下棋处”，相传从前有二位仙人对弈于石巅，地老天荒，斧柯尽烂，一局未了。据专家考证后初步断定，从绘画技巧和内容看，此岩画年代早于临沧沧源岩画，约为 3000 年前，当属新石器时代的作品。

南诏和大理国给后人留下两卷不朽的长画，这就是《南诏中兴二年画卷》和《大理国张胜温画卷》。首次较为全面地介绍和研究该画卷的台湾学者李霖灿先生对大理国画卷评价：“南诏大理文化，以糅杂多姿态为其特色，《梵像卷》正是这项特色的代表作品。所以预料到各方硕学齐来研讨之时，各就岗位贡献其卓见，必然是一番五彩缤纷的富丽景色。若他日，在敦煌学之后，南诏学亦起西南建立门户，此一梵像长卷，当策首功。”

《南诏中兴二年画卷》又称《南诏图传》，画卷包括“图”和“传”两部分，“传”部分又称“文字卷”，它实际上是附在“图”之后的 3000 余字的文字说明。文字卷主要叙述南诏兴宗王罗晟在铁柱侧参与“三赕白大首领张乐尽求”祭天及观音幻化授记的佛教神话，后有南诏舜化贞于中兴二年二月十八日发出敕令及其臣下王奉宗、张顺于中兴二年戊午岁三月十四日进奏的有关观音及西洱河神金鱼金螺的传说，文字卷是绘制画卷的脚本。“图”和“传”互为印证，互相说明，构成了一幅图文并茂的历史画卷。

《张胜温画卷》又称大理国梵像卷、张胜温绘大理国梵像卷，略称梵像卷。据画卷释妙光跋，为盛德五年（公元1180年）描工张胜温所绘。今藏于台北故宫博物院。全画分成三部分，第一部分为大理国利贞皇帝（段智兴）率领扈从礼佛图，长72.2厘米；第二部分长达1515.2厘米，主要描绘诸佛、菩萨、天龙八部等图像；第三部分长49.1厘米，为十六天竺（印度）国王进贡图。此画卷原为大理国皇家所珍藏，后为中土人士以重金购得，辗转而传至清廷宫内，故卷末附有明清时期宋濂、释宗泐等人的赞、跋；卷前则附有清高宗乾隆皇帝的御笔序文。此绘卷初以折叠形式画成，与敦煌的一些佛经相类似，折叠起来即为长方形一帙，便于装箧；披览时逐页翻递，仍能连续不断，十分方便。画卷绘画技巧颇高，全画中的400余个人物皆恰如其分地被表现出来，如诸佛、菩萨法相庄严，维摩大士则面貌清癯、目光炯炯有神、嘴唇微启，符合故事中多智善辩的传说。此画卷是研究大理国的佛教史、典章制度、服饰、器用的珍贵文献。

甲马子，又称甲马、甲马纸、纸符、纸火，是中国民间宗教祈福祭祀时用来焚烧给神灵的雕版印刷品，画面仅10厘米见方。甲马在古籍中多有记载，《水浒》中的人物神行太保脚上就绑有甲马。目前，甲马子只在部分汉族地区流传，而在白族地区则一直盛行不衰，且成为收藏家的收藏珍品。

白族的甲马子是从中原传入的，但其流行更广泛，形式更丰富，品种更多样，特色更鲜明。一般来说，内地甲马只是“神佛的凭依”和“乘骑”，即神旨的传递的作用。而白族甲马则是人神之间感应的精神载体，因此其中有专门名目的信使甲马，如“报喜甲马”、“孔雀甲马”、“追魂甲马”等，尤其有一张“精神甲马”则是在使用各种甲马时必配的。白族巫师朵兮博家中都设有神坛，神坛上无神像、牌位等，唯有五色纸旗，纸旗三年一换，焚烧旧旗时必搭配一张“精神甲马”。

除上述品种，白族甲马子还有本主甲马、喜神甲马、利市甲马、解冤甲马、路桥甲马、六畜甲马、招魂甲马等不一而足。

白族甲马是一种纯粹草根文化，大多出自民间艺人之手，有些艺人并不识字，但所设计的画面线条简单，刀功简练，趋于符号化，在笨拙中充满情趣，生硬中露出粗犷强悍的生命力。就如同宗教观，浓郁的人情世俗味是白族甲马的显著特点，连狰狞的鬼魂或威严的神灵也表现出可亲可爱的形象。

来大理的观光客少不了要买一块周城的白族扎染布。为什么扎染布会受到青睐呢？首先是扎染布只有染料的蓝和土布的白，经反复洗涤，旧布白的越白，蓝的越蓝，蓝白交织显得更加艳丽；其次，扎染图案，线条洗练、构图多样、内容吉祥，富有民族特色。另外，扎染染料为植物板蓝根（即靛蓝），是环保染料，有药用保健作用。

扎染古称绞缬，与我国古老民间工艺蜡染、夹染一起通称染缬，是现代印染艺术的鼻祖。据文献记载，染缬“秦汉间有，陈梁间贵贱通服之”。《诗经·小雅·采绿》一诗有句“终朝采蓝，不盈一襜”（“蓝草采了一早上，撩起衣襟兜不满”）的诗，描写的就是妇女们采集植物染料蓝靛的情景。蓝草是扎染的染料，从这首诗可知在先秦时中原就已经有扎染技术。

在唐代，中原的绞缬最为盛行，随后这种技术在中原的大部分地区消失，但在白族聚居的大理一带却一直流传了下来，并融入白族的审美特色，成为珍贵的民族民间工艺品。现在这种纺织品在内地“寥落已尽”，而其“活化石”却能够“犹留此一奥”。

据统计，民国初期，人口不到一万的喜洲染布作坊就达 30 多个。每个作坊有染缸少则 3 个，多则 9 个，日染上千件。其中周城一村的扎染一直以自产土靛染制，成本低廉、做工精细，产品畅销各地。

白族扎染的工艺一直保持着古老的传统方法，即“其法先描花纹，以线缝之；俟后绉起，再以线缝，以此入染，则有线处不受色，呈现种种花纹”。详细地说，扎染的工艺过程分为设计、上稿、扎缝、浸染、折线、漂洗、整检等多道工序。以周城村扎染工艺为例，先由擅长绘画艺术的技师在纯棉白布上用笔描绘出所需的图案，再由妇女在标记处一针一线精心缝扎，线扎讲究松紧，松则染不出花纹，紧则空白多而纹变形。

扎好的布形成绉团，即可放入染缸内染制，一般染 5～7 道。先热染使布料充分入色，后冷染防干后脱色。染后拆去缝线，漂洗、晾干，经整检，即为成品。因缝扎时的松紧和图形所在里外不同，染后图案显现出深浅不均、层次丰富的色晕和皱印。有层次感的自然晕纹，产生意想不到的美感，其艺术效果为机械生产所不能取代。

白族扎染　（杨焕英）

顾名思义，扎染就是在染色时将织物部分扎结起来使之不能着色的一种染色方法。即根据设计图案的效果，用线或绳子以各种方式绑扎布料或衣片，放入染缸中，绑扎处因染料无法渗入而形成自然特殊图案的一种印花方法。因此，白族又称扎染为疙瘩花布、疙瘩花。过

去，染布过程是先将靛、石灰、猪血等染料配好，在缸内发热，使温度适中，并把结扎好的白布置入染缸。天气热时染料易发酵，一天可染一道；天气寒时要两三天才能染一道，扎染的时间和道数要比纯蓝土布多一些。只有这样精细的工序，才能染出好布来。

扎染的图案均衡、对称，以点和线的方圆、疏密变化形成节奏韵律，朴实无华。外地扎染的图案一般多由圆点、简单几何图形组成；而周城白族扎染的构图严谨，布局丰满，以二方或四方连续纹样为普遍，大多取材于日常所见的动植物形象，如蝴蝶、蜜蜂、梅花、松、猫、鸟等，或传说中的龙、凤、鹤等，组合出“花好月圆”、“双喜临门”、“松鹤延年”、“龙凤呈祥”等图案，很具传统风格。如果游客能在周城村附近著名的蝴蝶泉边买上一块有蝴蝶花纹的扎染壁挂，那将是一件十分有意义的旅游纪念品。

近年来，喜洲镇的周城村被国家文化部命名为“中国民间扎染之乡”，成为白族扎染布的重要产地。除了村里有集体的扎染布厂外，家家户户都成了扎花的小作坊。妇女们在家里，按铅笔画好的各种图案将一匹匹棉布用线扎成起皱的布团，然后交给扎染厂染色，成批地生产。不要说一块一尺见方的布，就是扎有精美图案的大块床单、桌布或壁挂也应有尽有，而且远销海内外。

结尾

余音绕梁

已故当代著名白族学者马曜，生前一直致力于白族历史文化的研究。作为白族人，他与先辈中的某些文人学士不愿承认白族的做法不同，他对自己的民族充满深厚的感情，用不可辩驳的事实评述白族在中华民族历史中的地位，阐明“少数民族离不开汉族，汉族也离不开少数民族”，即“中华文明是以汉族为主体包括中华民族大家庭中所有成员共同创造的”道理。

早在1956年大理白族自治州建立之际，马曜就撰文《白族对于祖国文化的贡献》。在这篇文章里写道：“白族在发展过程中，不仅接受了大量汉族文化，同时也吸收了藏族以及印度、缅甸文化中的某些精华，更重要的是白族善于融合它们而创造出自己的民族文化，诸如工艺、神话、文学、美术等，白族都有其独特的风格。”还说：“值得指出的是，白族接受祖国的先进文化，在相当程度上是自觉自动的。南诏大理国在政治上虽然长时期处于割据状态，但他们一开始即采用汉文。”

马曜先生多次撰文，阐述他的一个全新的观点：“作为一种区域文化，大理文化既是云南文化的源头，又是云南省南文化的交流与整合。”对于白族的历史地位，他进一步概括道：

白族先民对祖国统一和中华文明的发展作出了重要的贡献。首先，西爨、南诏、大理国地区性政权的先后建立，结束了两晋时期的“五十八部族”纷争和隋唐之际的“部落支离”、“首领星碎”、“朋仇相嫌”的局面。继之而起的大理国，与南宋和东南亚各国和平共处，把云南历史向前推进了一大步。其次，在祖国大家庭中，白族是一个亲仁善邻、宽容大度的少数民族。近百年来，白族地区不断掀起反帝反封建的人民起义。公元1856年，杜文秀在大理建立反清政权，受到白族人民的支持。与此同时，彝族农民李文学在弥渡县瓦卢

马曜先生

村誓师起义，同样受到白族人民的支持。白、彝、回各族通过这两次起义斗争，加强了友谊团结。再次，自古以来，白族主要分布于洱海至滇池一带的内地平坝河谷地区，接受汉文化较早较多。通过白族的媒介作用，把内地汉族农业、手工业生产技术和精神文化传播给云南境内的其他各族人民，

以至周边国家的人民，推动了中华民族多元一体化的发展和中外文化的广泛交流。最后，在多民族的云南，民族联合具有特殊重要的意义。南诏、大理国的建立表明，在重大政治问题发生时，不同民族集团都是以共同的政治目标和利益为联合的基础，而不是按民族来划分的。南诏联合白蛮兼并其同族乌蛮诸诏，白蛮大姓支持南诏攻灭其同族西爨，白蛮段思平在三十七部乌蛮支持下击灭“大义宁”，建立大理国，这些历史事实都足以说明这一点。

参考文献

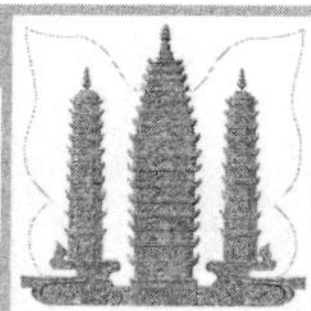

1. ［澳］C·P. 费茨杰拉德著，刘晓峰、汪晖译. 五华楼：关于云南大理民家的研究. 北京：民族出版社，2006

2. 李星华（记录整理）. 白族民间故事传说集.. 北京：中国民间文艺出版社，1982

3. ［清］赵翼著，吕宗力校点. 陔余丛考. 河北：河北人民出版社，2007

4. ［清］徐诃编撰. 清稗类钞. 北京：中华书局，2010

5. 徐琳，赵衍荪编著. 白语简志. 北京：民族出版社，1984

6. ［唐］樊绰著. 蛮书. 公共版权

7. 费孝通主编. 中华民族研究新探索. 北京：中国社会科学出版社，1991

8. Francis L. K. H su. Under the Ancestors' Shadow. New York：Columbia University Press，1948